Einsteins Kinderbuch

FÜR MEINE GANZE FAMILIE

Wolfgang Batt

Einsteins Kinderbuch

Sachbuch

2., neu bearbeitete Auflage

Schildkröten Verlag, Zürich & München
ISBN 978-3-948841-06-5

Einsteins Kinderbuch
Text: Wolfgang Batt
Illustrationen: Johanna Henrichs
Fotos und Referenzwerk: Gemeinfrei
Layout: Lars Huetz (4h-digital.de)
Zürich, im März 2020

Inhalt

Einleitung

Als Albert Einstein ein Kind von etwa zehn Jahren war, lebte er mit seinen Eltern und seiner jüngeren Schwester Maja in München in einem Mehrfamilienhaus in der Adelzreiterstrasse 12. Wenn du heute vor dem Haus stehst, ist dort ein einfaches und unauffälliges Schild angebracht, auf dem steht, dass Albert hier im Alter zwischen sechs und fünfzehn Jahren den größten Teil seiner Kindheit verbrachte.

Albert mit seiner Mutter Pauline und seiner Schwester Maja

Keinesfalls einfach und unauffällig waren jedoch die Ideen, mit denen sich *„Albertle"*, wie ihn seine Mutter damals nannte, bereits in jungen Jahren beschäftigte. Albert war nämlich kein gewöhnliches Kind. Er beschäftigte sich schon damals auffällig gerne mit Mathematik und Physik und war fasziniert von den vielen Apparaten in der Werkstatt seines Vaters. Dessen Firma, die Alberts Vater zusammen mit Alberts Onkel betrieb, würde man heute als *„High-Tech-Unternehmen"* bezeichnen: Sie beleuchteten zum Beispiel erstmals das berühmte Münchner Oktoberfest mit elektrischem Licht. Werkstatt, Lager und Laden befanden sich im einsteinschen Wohnhaus. So waren also Fragen nach Licht und Energie für den jungen Einstein selbstverständlich. Und so kam es auch, dass Albert später kein normaler Erwachsener wurde, sondern ein weltbekannter Wissenschaftler. Vielleicht der bekannteste Wissenschaftler, der je gelebt hat.

Doch was hat er eigentlich gemacht? Nun, zum Beispiel hat er herausgefunden, dass jeder von uns seine eigene Zeit hat. Die läuft nur fast immer gleich schnell, so dass das niemandem auffällt. Würdest du jedoch mit einer Rakete durch das Weltall fliegen, so würde die Zeit für dich ganz anders vergehen als für deine Familie auf der Erde. Und wenn du nach ein

paar Jahren von deiner Sternenreise zurückkommen würdest, wären deine Geschwister schon alt und hätten graue Haare.
Jedenfalls hat Albertle, als er noch ein Kind war, vor allem in *einem* Buch mit größter Begeisterung gelesen: Es waren die *Naturwissenschaftlichen Volksbücher* von Aaron Bernstein. Sie gaben ihm bereits in jungem Alter ein breites Wissen. Und einige der Ideen, die er darin als Kind entdeckte, halfen ihm später seine größten Theorien zu entwickeln. Auch die *Relativitätstheorie*. Gerade weil er schon sehr früh über viele verschiedene Dinge Bescheid wusste, konnte er später Zusammenhänge erkennen, die vor ihm so noch niemand gesehen hatte.

Dieses Buch will dir nun von Alberts Kinderbuch erzählen. Vielleicht bist du ja gerade in einem ganz ähnlichen Alter wie er damals. Und wer weiß, vielleicht wirst du ebenfalls einmal eine große Wissenschaftlerin oder ein großer Wissenschaftler.

Kapitel 1

Die Bewegung der Meere

Ich weiß nicht, wie es dir geht, aber vielleicht kennst du das Gefühl, wenn du am Meer stehst und auf die Wellen blickst. Alles wirkt so groß und mächtig, dass man sich selbst gar nicht mehr so wichtig fühlt. Man beobachtet Welle um Welle und steht möglicherweise gerade barfuß am Strand. Gerade so, dass die Wellen die Füße nicht erreichen. Doch plötzlich, und damit spielt man eigentlich, kommt eine neue und größere Welle und man steht im schaumigen Wasser. Obwohl man zunächst nach hinten springt, und aufschreit, freut man sich insgeheim doch ein wenig, dass man „erwischt" wurde.

Es ist gar nicht so leicht zu erklären, warum eine Welle plötzlich größer und stärker ist, als die vielen vor ihr. Und überhaupt ist die Bewegungen des Meeres ein höchst kompliziertes und ausgeklügeltes Spiel. Eine ganz besondere Meeresbewegung wird in Einsteins Buch beschrieben:

Du hast sicher schon einmal vom *Golfstrom* gehört. Das ist ein gigantischer Wasserkreislauf mitten im Meer, der das Wasser vom Äquator bis zu den Erdpolen transportiert und wieder zurück. Zu der Zeit, als Albert ein Kind war, haben Meereswissenschaftler mit einfachen Mitteln versucht, mehr über diese Strömung herauszufinden: Sie haben hunderte von Flaschen als Flaschenpost im Meer ausgesetzt. Darin steckten sie Postkarten, mit der Bitte, dass der Finder sie unbedingt zurückschicken möge und – ganz wichtig – den Fundort darauf schreibe.

So erhofften sich die Meeresforscher, durch die Reise der Flaschen mehr über die Strömung des Meeres zu erfahren. Heute hat man Unterwassersonden und viel bessere technische Möglichkeiten, um dies zu messen. Aber damals waren es eben Flaschen.

Vielleicht ist der Golfstrom die wichtigste aller Meeresbewegungen. Du musst dir vorstellen, dass die Oberfläche der Erdkugel ungefähr 500 Millionen Quadratkilometer groß ist. Zugegeben, das ist unvorstellbar groß. So groß, dass man es sich selbst in Fußballfeldern kaum vorstellen kann. Das sind nämlich 71 Milliarden Fußballfelder. Oder ungefähr 9 Fußballfelder pro Mensch, der derzeit auf der Erde lebt. Ein Großteil davon, ungefähr zwei Drittel, ist von Wasser bedeckt. Und diese gewaltigen Wassermengen sind in permanenter Bewegung. Wie auch der Golfstrom.

Um den Golfstrom besser zu verstehen, können wir uns zunächst eine Badewanne vorstellen, in deren Mitte wir senkrecht ein Brett schieben. So dass es eine vordere und eine hintere Hälfte gibt.

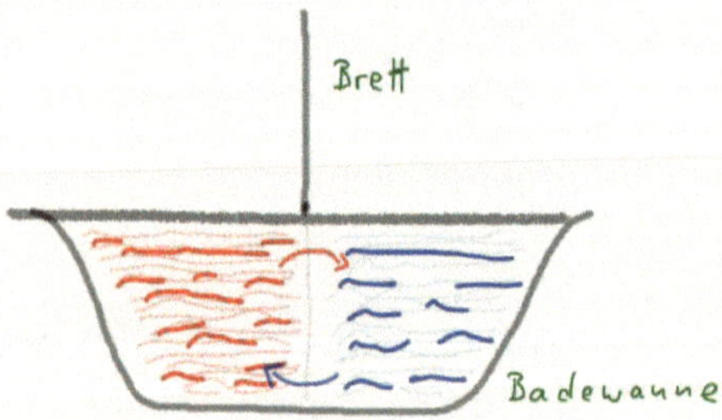

Die eine Hälfte füllen wir dann mit heißem Wasser und die andere mit kaltem. Danach ziehen wir das Brett heraus und - siehe da - es passiert etwas Interessantes: Das Wasser bleibt nicht etwa still, sondern fängt an sich zu bewegen. Das liegt daran, dass kaltes Wasser schwerer ist als warmes Wasser. Das kalte Wasser schiebt sich dann wie ein Keil unter das warme Wasser und drückt dieses an die Oberfläche, wo das warme Wasser wiederum über das kalte Wasser fließt. Am Ende der Bewegung ist also das kalte Wasser unten und das warme Wasser oben. Du solltest das Wasser dann erst gut durchmischen, wenn du darin baden willst!

Im Meer ist der Mechanismus ganz ähnlich wie in unserer Badewanne. An den Polen ist es nämlich kalt und am Äquator warm. Dies führt dazu, dass das kalte und schwere Wasser an den Polen absinkt und als sogenanntes *Tiefenwasser*, tief unten am Meeresgrund, in Richtung Äquator fließt. Am Äquator wiederum, wo es warm ist, erwärmt sich das Wasser und steigt auf. Von dort fließt es dann an der Oberfläche zurück zum Pol, wo es sich wieder abkühlt und absinkt. Und immer so weiter.

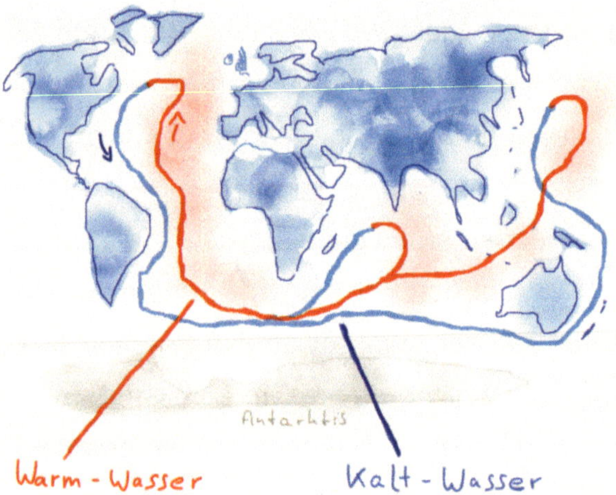
Antarktis
Warm-Wasser
Kalt-Wasser

Du siehst, auf diese Weise entsteht ein riesiger Wasserkreislauf mitten im Meer, den man bereits vor 150 Jahren kannte. Und den man noch immer erforscht.

Mittlerweile hat man herausgefunden, dass auch der Salzgehalt des Wassers, Winde und die Drehung der Erde den Kreislauf beeinflussen. Doch das Grundprinzip dieses gigantischen Kreislaufs funktioniert tatsächlich wie in unserer Badewanne.

Wenn du also das nächste Mal am Meer bist und auf die Wellen schaust, dann kannst du das ruhig mit noch etwas mehr Bewunderung tun. Denn dann weißt du, dass es da draußen, weit draußen auf dem Meer, einen faszinierenden Mechanismus gibt. Einen Kreislauf, der unter anderem dafür sorgt, dass warmes Wasser zu den Polen und kaltes Wasser zum Äquator fließt.

Dieser Kreislauf ist ein wichtiger Temperaturregler in unserem Klimasystem und es ist zu befürchten, dass wir diesen wunderbaren Mechanismus, der vermutlich seit Millionen von Jahren reibungslos funktioniert, durch die Klimaerwärmung verändern. Das hängt zum Beispiel damit zusammen, dass das Wasser an Salzgehalt verliert, wenn die Pole abschmelzen. Das findest du schlimm? Nun, gerade auch deshalb ist es wichtig, dass wir die Meeresströmungen und ihre Funktionsweise in Zukunft noch weiter erforschen.

Zu Kapitel 1

Gedankenspiel-Seite

(A)

Du hast eine große Fischereiflotte und vermutest, dass gute Fischgründe immer da liegen, wo warme und kalte Wasserströme zusammenkommen. Wo auf der Welt würdest du deine Schiffe aufstellen?

(nutze dazu die Weltkarte mit den Warm- und Kaltwasser Strömen)

(B)

Du bist leidenschaftlicher Surfer: In welchen nördlichen Regionen könntest du trotz der Lage im Norden in relativ warmem Wasser surfen?

(wähle aus und nutze dazu dieselbe Karte)

Die Antworten findest Du am Ende des Buches.

Kapitel 2

Wo die Energie bleibt

Wenn du eine Schwester oder einen Bruder hast, dann habt ihr euch bestimmt auch schon mal gestritten. Und vielleicht ist es dann sogar gelegentlich etwas – sagen wir – „aus dem Ruder gelaufen“ und ihr habt euch so richtig eine reingehauen. Bei meinem Bruder und mir war das jedenfalls häufiger der Fall und meist hat er gewonnen. Er war schon ein paar Jahre älter als ich und hatte daher entscheidende Vorteile. Was ich mich damals allerdings nie gefragt habe: Wo geht die ganze Muskelkraft eigentlich hin? Was passiert mit meiner Energie, wenn ich mit einem Schlag den Arm meines Bruders treffe? Aufbringen muss ich die Energie ja aus der ganzen Armmuskulatur. Doch was passiert mit ihr, wenn ich getroffen habe?

Um die Antwort gleich vorweg zunehmen: Die Energie verschwindet nicht. Und das ist sogar *niemals* der Fall.

Was so einfach klingt, ist tatsächlich eines der wichtigsten Naturgesetze. Man nennt es das *Gesetz von der Erhaltung der Energie*. Es besagt, dass die

Energie insgesamt immer die gleiche bleibt und weder verschwinden, noch auf wundersame Weise neu entstehen kann.

Seit Jahrhunderten gibt es allerdings Menschen, die einfach nicht glauben wollen, dass sich Energie nicht aus dem *Nichts* erzeugen lässt. Es wäre doch zu schön, wenn das möglich wäre. Stell dir vor, du könntest ein Auto erfinden, das immer fährt. Und weder Benzin, noch Diesel, noch Strom oder sonst irgendwas verbraucht. Das wäre doch eine Sensation! Aber leider ist das schlicht und einfach nicht möglich.

Die Menschen, die so etwas dennoch behaupten, sagen dann, sie hätten ein „*Perpetuum Mobile*" erfunden. Das ist Lateinisch und heißt so viel wie „*immer in Bewegung*". Darunter versteht man eine Maschine, die Kraft aus dem Nichts hervorbringen kann. Die sich einfach bewegt, ohne dass man sie dafür anstoßen müsste. Seit tausend Jahren gibt es die unterschiedlichsten Versuche, solche Maschinen zu bauen. Noch nie hat eine funktioniert. Und das wird auch niemals der Fall sein.

Doch zurück zum *Gesetz von der Erhaltung der Energie*, mit dem sich auch Alberts Buch beschäftigt. Um es verständlich zu machen, stellen wir uns am besten eine Murmelbahn vor. Wenn du mit dieser spielst, nimmst du zunächst eine Murmel und legst sie oben in die Murmelbahn. Du wendest also Muskelkraft auf, um sie hochzuheben. Dabei wird die Energie deiner Armmuskulatur in eine neue Energie getauscht. Und zwar besitzt die Murmel, weil sie nun oben liegt, die Möglichkeit herunterzurollen. Ohne, dass du sie anschieben musst. Du musst sie nur loslassen. Diese Energie nennt man auch *Höhenenergie*. Und wenn du nun, im nächsten Schritt, die Murmel loslässt, so beginnt sie die Murmelbahn hinunterzulaufen. Sie bewegt sich immer schneller und nimmt Geschwindigkeit auf. Ihre Höhenenergie, die sie zuvor besaß, wird dabei in *Geschwindigkeitsenergie* getauscht.

Höhenenergie
Geschwindigkeits-
energie

Doch was passiert, wenn die Murmel unten angekommen ist? Ist dann nicht alle Energie verschwunden? Die Murmel hat dann ja weder Höhenenergie noch Geschwindigkeitsenergie.

Um dies besser zu verstehen, stellen wir uns noch ein zweites Beispiel vor: Und zwar das eines Spielzeugkreisels. Diesen drehst du so schnell du kannst auf einem Tisch. Er wird sich am Anfang schnell drehen, doch irgendwann wird er langsamer werden und umfallen. Das kommt daher, dass er gegen zwei Dinge ankämpfen muss: Gegen die Luft, die er bei jeder Drehung wegdrücken muss. Und gegen die Reibung seiner Spitze auf dem Tisch.

Was Reibung ist, kannst du dir übrigens ganz einfach vorstellen. Versuche mal, dich auf einem Bein zu drehen. Wenn du das auf einem glatten Boden, einmal mit Socken und einmal mit Turnschuhen probierst, dann wirst du feststellen, dass es mit Socken viel leichter geht. Das liegt an der Reibung. Sie ist mit Turnschuhen viel größer, als mit Socken.

Doch zurück zu unserem Kreisel. Der dreht sich also zunächst schnell und wird dann immer langsamer. Seine Bewegung verliert an Energie. Doch wohin geht sie?

Tatsächlich dachte man lange, dass sie einfach verschwindet. Dass Reibung die Energie irgendwie „auffrisst“. Doch wie wir mittlerweile wissen, ist es anders. Die Bewegungsenergie verschwindet nämlich nicht, sondern wird durch Reibung in Wärme umgewandelt. Und diese ist ebenfalls eine Energie. Insgesamt geht die Energie also nicht verloren, sondern bleibt in Form von Wärmeenergie erhalten.

Und wie das für den Kreisel gilt, so gilt das auch für die Murmel. Während sie hinunterrollt, wird zunächst Höhenenergie in Geschwindigkeitsenergie umgewandelt. Und aus der Geschwindigkeitsenergie wird dann durch Reibung Wärmeenergie.

Darauf, dass die Energie immer erhalten bleibt, sind in kurzem Abstand mehrere Wissenschaftler gekommen. Der Erste war ein Deutscher Arzt namens Julius Robert Mayer. Er berechnete im Jahr 1841, welche Wärmeenergie entsteht, wenn man Metallplatten aneinander reibt. Und er erkannte, dass dabei insgesamt keine Energie verloren geht, so wie man bislang glaubte. Es kam auch keine neue hinzu, sondern sie blieb einfach gleich.

Ein Kind, das fröhlich schaukelt, verwandelt immer wieder Höhenenergie in Geschwindigkeitsenergie. Nur ab und zu muss es neu Schwung holen, um auszugleichen, was es dabei an Wärmeenergie an die Luft abgibt. Dadurch, dass die Seile der Schaukel am Ast reiben. Und dadurch, dass das Kind bei jedem Schwung ein wenig Luft zur Seite drücken muss.

Wenn wir bedenken, dass bereits die Steinzeitmenschen Feuer gemacht haben, indem sie mit ihrer Muskelkraft Hölzer aneinander rieben, ist es eigentlich erstaunlich, dass die Menschen diese Zusammenhänge nicht schon früher erkannt haben. Aber so ist es eben: Manche Dinge bleiben unentdeckt, auch wenn sie direkt vor unserer Nase geschehen.

Zu Kapitel 2

Gedankenspiel-Seite

(A)

Du steigst auf die Rutschbahn mit kurzen Hosen und rutscht schnell runter. Dein Hintern brennt! Warum? Wie verwandelt sich die Energie beim Rutschen? Warum wäre es besser mit langer Hose?

(B)

Was passiert auf der Wasserrutsche - warum brennt dein Hintern da nicht?

Die Antworten findest Du am Ende des Buches.

Kapitel 3

Wie schwer ist die Erde?

Hast du dir schon einmal die Frage gestellt, wie schwer ein Elefant ist? Oder ein Baum? Oder eine Schneeflocke? Na klar, wirst du sagen. Und das ist auch alles nicht schwer herauszufinden, da es Waagen gibt, mit denen man selbst einen ausgewachsenen Elefanten wiegen kann. Aber wie ist das mit der Erde? Wie kann man messen, wie schwer die Erde ist? Wir sind uns einig, dass es keine Waage gibt, die man einfach heranschleppen könnte, um die Erde zu wiegen.

Nun, wenn es keine passende Waage gibt, so mussten die Menschen eben einen anderen Weg finden, um es herauszufinden. Und das Zaubermittel dafür war das Rechnen. Sie mussten also einen Weg finden, wie man die Masse der Erde berechnen kann.

Eine Möglichkeit wäre, ein Modell der Erde zu bauen, das viel kleiner ist. Das könnten sie dann wiegen und recht einfach hochrechnen wie schwer die Erde sein muss. Sie müssten dafür wissen, um wie viel die Erde größer ist als das Modell. Leider ist es aber nicht ganz so einfach. Denn dazu müsste man nicht nur die Größe der kleinen Kugel und der Erde kennen, sondern die kleine Kugel müsste auch im Inneren genau so aufgebaut sein wie die Erde. Man müsste also genau wissen, wie es im Inneren der Erde aussieht. Wäre die Erde innen hohl - wie ein Fußball - so wäre sie viel leichter, als wenn sie in ihrem Inneren aus purem Gold bestünde.

Nun können wir zwar in die Erde hineinbohren, aber selbst die besten Bergleute, mit den stärksten Werkzeugen, schaffen das heute nur bis zu einer Tiefe von ungefähr zehn Kilometern. Bis zum Kern der Erde müssten sie jedoch über 6.000 Kilometer weit bohren und das ist leider nicht möglich. Durch Bohren können wir also auch nicht herausfinden, was sich im Kern der Erde befindet. Und solange wir das nicht wissen, können wir auch keine kleine Kugel bauen, um zu bestimmen wie schwer die Erde ist.

Es muss also noch einen anderen Weg geben.

Vielleicht hast du den Namen Isaac Newton schon einmal gehört? Newton war ein englischer Forscher. Er lehrte an der Universität Cambridge und gilt bis heute als eines der größten Genies. Er war allerdings auch ein wenig sonderbar und nicht immer sehr nett zu seinen Kollegen. Er soll zum

Beispiel an sich getestet haben wie lange man in die Sonne schauen kann. Danach musste er mehrere Tage in einem dunklen Raum verbringen - bis er wieder ordentlich sehen konnte. Also bitte versuche das nicht selbst.

Isaac Newton

Auch soll er manchmal vergessen haben, sich umzuziehen oder sich überhaupt anzuziehen.

Jedenfalls hat dieser sonderbare, aber geniale Isaac Newton eine Entdeckung gemacht, ohne die auch Albert Einstein über 200 Jahre später seine wichtigsten Ideen nicht hätte entwickeln können. Newton fand nämlich heraus, dass Dinge andere Dinge anziehen. Und zwar umso stärker, je schwerer sie sind. Du kannst dir das ungefähr so vorstellen wie ein kleiner, eingebauter Magnet: Je schwerer ein Ding ist, desto stärker wirkt dieser Magnet. Wenn du also zwei Eisenkugeln vor dir auf den Tisch legst, so ziehen die sich ein ganz klein wenig an. Die Anziehung ist zwar sehr klein und reicht nicht aus, dass die Kugeln von alleine aufeinander zurollen. Aber sie ist trotzdem da.

Ein sehr berühmtes Beispiel für diese Anziehungskraft ist ein Schwarzes Loch. Vermutlich hast du schon einmal gehört, dass es im Weltall Schwarze Löcher gibt? Du kannst dir das als einen Himmelskörper vorstellen, der aus einem unglaublich schweren Material besteht. Extrem viel schwerer noch als Gold. Und weil das Schwarze Loch so schwer ist, zieht es alle Dinge an, die in seine Nähe kommen. Wie mit einem riesigen Magneten. Sogar das Licht wird von dieser ungeheuren Saugkraft verschluckt. Während andere Himmelskörper das Licht von der Sonne zurückwerfen, so dass wir sie sehen können, ziehen diese schweren Himmelskörper das Licht in sich hinein. Deshalb nennt man einen solchen Himmelskörper auch „Schwarzes" Loch, da das Licht aus seiner Umgebung einfach nicht mehr entkommen kann.

Die einfachsten Beispiele für diese Anziehungskraft kennst du allerdings aus deinem ganz normalen Leben. Wenn du einen Ball oder einen Stift oder einen Teller fallen lässt, so fällt der nicht hauptsächlich deshalb auf den Boden, weil er selbst eine Masse hat, sondern weil er von der Masse der Erde angezogen wird. Würdest du den gleichen Gegenstand in einer Raumstation im Weltall fallen lassen, so würde er eben nicht auf den Boden fallen, sondern einfach davonschweben. Die Erde wäre dort nämlich zu weit entfernt, um ihn anzuziehen.

All dies hat Isaac Newton herausgefunden. Und er hat sogar eine Formel dafür gefunden, wie groß die Kraft ist, mit der die Erde unseren Ball, unseren Stift oder unseren Teller an der Erdoberfläche anzieht.

Doch wie hilft uns das, um zu berechnen, wie schwer die Erde ist? Nun, das ist gar nicht so schwierig: Wir wissen ja, dass die Kraft, mit der unser Ball von der Erde angezogen wird von zwei Dingen abhängt: Davon wie groß die Masse der Erde ist. Und davon, wie weit wir vom Erdkern entfernt sind. Ob wir zum Beispiel auf dem Erdboden sind, oder in einer Raumstation.

Dank Newton kennen wir die Kraft ja schon. Und den Abstand von der Erdoberfläche zum Erdkern kennen wir auch, ungefähr 6.000 Kilometer. Somit könnten wir eigentlich auch berechnen, wie groß die Masse der Erde ist. Wenn uns nicht noch ein letzter Baustein fehlen würde: Wir müssen ja noch wissen, in welchem Zusammenhang die drei Dinge stehen - die Masse, die Entfernung und die Anziehungskraft.

Und diesen Baustein lieferte ein englischer Naturwissenschaftler namens Henry Cavendish ungefähr 100 Jahre nach Newton. Willst du wissen wie er das gemacht hat? Dann pass gut auf:

Wie Newton war auch Cavendish ein ungewöhnlicher Mann: Er war äußerst reich, da er gleich zweimal ein großes Vermögen erbte. Angeblich war er sogar so reich, dass ihm das größte Privatkonto bei der Englischen Nationalbank gehörte. Und er war sehr menschenscheu. Es war ihm beispielsweise unangenehm, Frauen zu sehen. Das ging dann so weit, dass er mit seinen weiblichen Hausangestellten nur über Zettel kommunizierte, die er im Flur hinterlegte.

Jedenfalls baute Cavendish mit großem Aufwand, in einem extra dafür errichteten Gebäude in seinem Garten, eine ganz spezielle Waage - die sogenannte Gravitationswaage.

Mit diesem Apparat wollte er herausfinden, wie Masse, Entfernung und Anziehungskraft zusammenhängen. Dazu nahm er zwei schwere Bleikugeln und ließ zwischen ihnen eine Holzstange an einem dünnen Draht baumeln. Und zwar so, dass die Stange frei zwischen den großen Bleikugeln schwingen konnte.

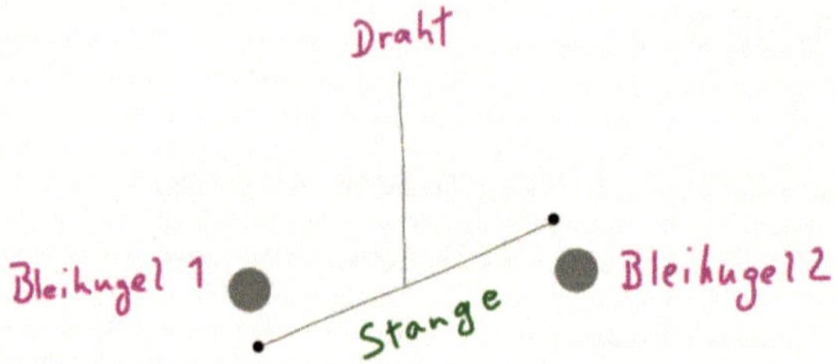

Aufbau der Gravitationswaage

An den Enden der Stange befestigte er ebenfalls je eine Bleikugel, allerdings nur eine kleine. Wegen der Anziehungskraft der großen Bleikugeln auf die kleinen Kugeln drehte sich die Stange ganz leicht. Und durch diese Drehung konnte Cavendish messen, mit welcher Kraft sich die Kugeln anzogen. Da er die Kugeln genau gewogen hatte und ihren Abstand kannte, konnte er das Geheimnis nun lüften: Er konnte messen wie Masse, Entfernung und Anziehungskraft zusammenhängen. Man nennt diesen Zusammenhang auch Gravitationskonstante. Und diese Gravitationskonstante gilt nicht nur für den Versuch mit den Bleikugeln oder nur auf der Erde. Sie ist eine der Naturkonstanten, die überall gilt. Im ganzen Weltall.

Cavendish hatte nun also alle Bausteine beisammen. Er kannte die Erdanziehungskraft an der Oberfläche. Er wusste wie weit es von dort bis zum Erdkern war. Und er wusste, wie das alles mit der Masse der Erde zusammenhängt.

Das Ergebnis ist: 6 Trilliarden Tonnen. Die Erde wiegt also 6 Millionen Millionen Millionen Millionen Kilogramm. Das ist eine 6 mit 24 Nullen. Ganz schön viel, oder?

Wie du siehst, dauerte es viele Jahre, und man brauchte viele kluge Köpfe, bis man endlich herausfand wie schwer die Erde ist. War das nicht eine tolle Leistung? Wie man nur durch Überlegung und Experimente etwas berechnen konnte, was man nicht messen kann. Man kann die Erde ja nicht wiegen.

Viele Jahre später wird das bei Einstein übrigens ganz ähnlich sein. Auch er wird nur mit der Kraft seiner Ideen und mit Mathematik ganz neue Dinge herausfinden.

Zu Kapitel 3

Gedankenspiel-Seite

(A)

Welche Teile bräuchtest du, um eine Gravitationswaage zu bauen? Denkst du, deine Waage wäre exakt genug, um damit die Gravitationskonstante zu bestimmen?

(B)

Du lässt zwei unterschiedlich schwere Bälle aus gleicher Höhe gleichzeitig fallen. Zum Beispiel einen Tennisball und einen Tischtennisball. Beide kommen gleichzeitig unten an. Warum fällt der Tennisball nicht schneller, obwohl er zwanzigmal schwerer ist als der Tischtennisball?

Die Antworten findest Du am Ende des Buches.

Kapitel 4

Licht & Entfernung

Kennst du das, wenn du im Winter, an einem frühen Abend, auf einem kleinen Weg nach Hause läufst und es schon ein wenig dunkel und unheimlich ist? Da würde man sich manchmal wünschen, man könnte einfach das Licht anknipsen. Irgendein riesiges Licht, das am besten den ganzen Ort beleuchtet. Du denkst dir gerade, das geht nicht?

Ja, damit hast du Recht. Doch vor nicht allzu langer Zeit hatten viele Menschen die Vorstellung, dass so etwas möglich wäre. Dass ganze Städte von einem einzigen großen Licht, von einem einzigen Punkt aus, beleuchtet werden könnten. In Alberts Buch wird jedenfalls erklärt, warum dies keine sehr gute Idee ist. Und das wollen wir natürlich auch wissen.

Das Problem liegt zum einen darin, dass man ein gigantisch großes Licht bräuchte, um eine ganze Stadt zu beleuchten. Und vor allem geht es auch deswegen nicht, weil die Leuchtstärke des Lichts ziemlich schnell schwächer wird, je weiter man sich von der Lichtquelle entfernt.

Nehmen wir einmal an, dass wir in Paris, auf dem Eiffelturm, ein großes, helles Licht anbringen. Und zwar das hellste Licht, das wir auftreiben können. Und dann würden wir beim Eiffelturm auf eines der Touristenboote steigen und immer weiter auf der Seine, das ist der Fluss in Paris, flussabwärts fahren. Bis wir zur Ile de la Cité kommen, einer Insel im Fluss, die auch eines der ältesten und schönsten Viertel von Paris ist.

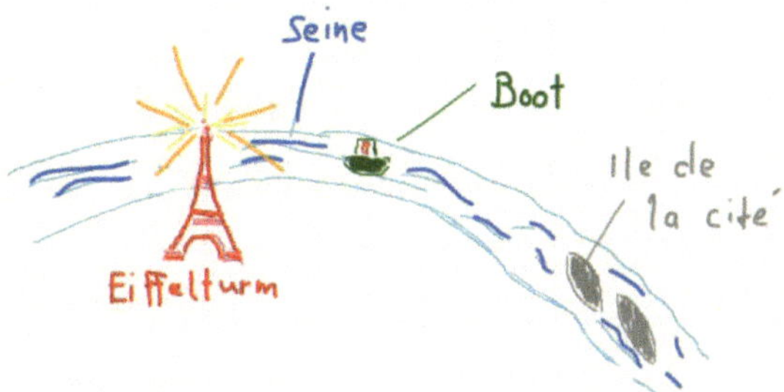

Und jetzt stellen wir uns vor, dass wir uns während der Schifffahrt alle 200 Meter umdrehen und die Stärke des Lichts messen. Das machen wir also nach 200 Metern und nach 400 Metern und nach 600 Metern und so weiter.

Es ist zwar klar, dass das Licht immer dunkler wird, je weiter wir uns vom Eiffelturm entfernen, doch die Frage ist – um wie viel? Es gibt hier nämlich eine Besonderheit. Die Helligkeit des Lichts nimmt nicht in der gleichen Weise ab, wie wir uns vom Eiffelturm entfernen. Sondern mit ihrem Quadrat.

Vielleicht weißt Du schon, was das bedeutet „mit dem Quadrat zu oder abnehmen"? Wenn wir uns zum Beispiel nach 400 Metern umdrehen, um die Helligkeit zu messen, dann sind wir doppelt soweit von der Lampe entfernt wie nach 200 Metern. Unsere Entfernung ist also 2-mal so groß, nämlich 400 Meter statt 200 Meter. Die Leuchtkraft ist dann aber nicht 2-mal so klein, sondern 2-mal-2, also 4-mal so klein. Wenn wir die gleiche Messung nach 600 Metern machen, sind wir 3-mal soweit entfernt wie nach 200 Metern. Dann ist die Leuchtkraft nicht 3-mal schwächer, sondern 3-mal-3, also 9-mal schwächer. Würden wir die Helligkeit nach 800 Metern messen, also 4-mal soweit entfernt wie bei unserer ersten Messung nach 200 Metern, so wäre die Helligkeit nicht 4-mal schwächer, sondern – du hast es vielleicht schon ausgerechnet – 4-mal-4, also 16-mal schwächer.

Und das ist auch der Grund, warum es überhaupt keinen Sinn macht, große Strecken mit einem einzigen Licht zu beleuchten. Der Verlust an Leuchtkraft über große Entfernungen wäre einfach zu hoch.

Unsere Sonne allerdings macht das so. Sie ist ja das einzige Licht, das unser ganzes Sonnensystem beleuchtet. Ganz schön verschwenderisch, nicht wahr? Andererseits gibt es ja sehr viele Sonnensysteme. Wenn man also etwas größer denkt und es sich nicht nur für unser Sonnensystem überlegt, sondern für die ganze Galaxie, so wird diese doch durch viele verschiedene „Lichter" beleuchtet. Jede Sonne ist eine Lichtquelle. Vielleicht sollten wir an dieser Stelle einfach ein wenig größer denken.

Zu Kapitel 4

Gedankenspiel-Seite

(A)

Stell dir vor, du bist auf einer einsamen Insel gestrandet. Damit dich vorbeifahrende Schiffe finden können, überlegst du dir, nachts ein Feuer auf der höchsten Stelle der Insel anzuzünden. In der ersten Nacht ist ein Schiff vorbeigefahren, hat das Feuer aber leider nicht gesehen. Um wie viel größer musst du das Feuer in der zweiten Nacht machen, wenn du willst, dass man es doppelt so weit sehen kann?

Die Antworten findest Du am Ende des Buches.

Kapitel 5

Die Geschwindigkeit des Stroms

Als Albert Einstein zehn Jahre alt war, so um das Jahr 1890, war die Welt im Vergleich zu heute noch viel langsamer. Natürlich war die Bewegung der Erde nicht langsamer. Sie hat sich auch damals in einem ganzen Tag um die eigene Achse und in einem ganzen Jahr um die Sonne gedreht. Aber das Leben der Menschen verlief im Vergleich zu heute viel langsamer. Niemand konnte sich damals vorstellen, dass man ein Foto innerhalb eines winzigen Augenblicks um die halbe Welt schicken kann. Oder dass es Autos gibt, die über 300 Kilometer pro Stunde fahren können. Oder dass man in nur wenigen Stunden von Paris nach New York fliegen kann.

So wie deine Eltern heute vielleicht auf die damalige Zeit blicken und sich denken, das war noch herrlich entspannt, so blickten die Leute damals auf die Zeit ihrer Eltern und Großeltern und dachten vermutlich ebenfalls, dass das Leben viel schneller geworden sei. So ist es mit der Erinnerung und dem Fortschritt. Du wirst das wahrscheinlich auch mal über deine Eltern und deine Kindheit denken.

Nun musst du dir aber vorstellen, dass Geschwindigkeit zu dieser Zeit ein viel beachtetes Thema war. Nicht nur, weil das Auto erfunden wurde. Oder die Eisenbahn in immer neue Orte fuhr, die man nun viel schneller erreichen konnte. Auch die Wissenschaft beschäftigte sich damals mit Geschwindigkeiten. Besonders mit der des Lichts und der des elektrischen Stroms.

Wenn man damals von der Geschwindigkeit sprach, mit der das Licht die Räume durchfliegt, so hielten es viele Menschen für eine verrückte Geschichte. Das liegt vor allem daran, dass die Geschwindigkeit so unvorstellbar schnell ist. In einer Sekunde könnte das Licht nämlich sieben Mal um die Erde fliegen oder fast die ganze Strecke von der Erde zum Mond zurücklegen. Nicht in einer Stunde wohlgemerkt, sondern in einer einzigen, winzigen Sekunde. Das Licht bewegt sich nämlich mit fast 300.000 Kilometern pro Sekunde fort. In einer Stunde schafft es über eine Milliarde Kilometer. Das ist über drei Millionen Mal schneller als das schnellste Auto, das du kennst. Du wirst wahrscheinlich auch finden, dass das ziemlich schnell ist und ziemlich merkwürdig klingt. So ging es auch den Menschen damals.

In Alberts Buch wird daher genau beschrieben, wie man die Geschwindigkeit herausgefunden hat, mit der sich der elektrische Strom ausbreitet.

Ein Draht, der einen Kilometer lang ist, und an einem Ende elektrifiziert wird, durch den man also Strom schickt, ist im selben Augenblick auch am anderen Ende elektrisch. Würde man den Draht von Berlin nach Paris spannen und zurück, und an einem Ende den Lichtschalter installieren und am anderen Ende die Glühbirne, so würde das Licht in demselben Augenblick angehen, in dem man den Schalter betätigt. Nun wirst du dich fragen, wie das wäre, wenn man den Draht noch viel länger spannen würde? Ob dann die Birne erst später angehen würde?

So weit man auch Strecken auf der Erde mit elektrischen Leitungen verlegt hat, so war das Ergebnis doch immer das gleiche: Die Zeit, die der elektrische Strom brauchte, war ganz unmerklich klein. So klein, dass man meinen könnte, es geschehe wirklich in ein und demselben Moment – wie durch einen Zauber.

Du merkst wahrscheinlich, dass das in Wirklichkeit nicht der Fall ist. Der Strom braucht nämlich eine Zeit, um von einem Ort zum anderen Ort zu gelangen. Der Zeitunterschied ist allerdings selbst bei den längsten Drähten zu kurz, um ihn mit bloßem Auge erkennen zu können. Wie hat man die Verzögerung dann dennoch feststellen können?

Nun, man hat sich eines Tricks bedient: Du hast sicher schon mal gesehen, wie ein kleiner Funke entstanden ist, als du oder deine Eltern einen Stecker in die Steckdose gesteckt haben? Oder als die Autobatterie gewechselt wurde? Jetzt stell dir einen Draht vor, den du an eine starke Batterie hältst, und an dessen beiden Enden ein solcher kleiner Funke entsteht. Stell dir weiter vor, du legst den Draht einmal auf den Mount Everest und wieder zurück, und zwar so, dass der Anfang und das Ende des Drahtes genau übereinander liegen. Wenn du dann Strom durch den Draht schickst, müsstest du an den Drahtenden zwei Funken sehen, die direkt übereinander stehen. Es müsste also aussehen wie bei einem Doppelpunkt.

Da unsere Augen aber immer noch zu langsam sind, um zu sehen, ob ein Funke schneller ist als der andere, hat man sich eines weiteren Tricks bedient. Magst du wissen, wie dieser zweite Trick funktioniert?

Man hat einen kleinen Spiegel genommen und ihn vor die beiden Drahtenden gestellt. Und dann hat man den Spiegel ganz schnell im Kreis gedreht – wie eine Drehtür, nur viel schneller. Und nun ist etwas Erstaunliches passiert: Im Spiegelbild konnte man sehen, dass die beiden Funken nicht mehr genau übereinander standen, sondern leicht verschoben waren. Aus dem Doppelpunkt ist ein windschiefer Doppelpunkt geworden:

Doch wie kommt das? Wie wir richtig vermutet haben, blitzt der Funke an dem Drahtende, wo wir die Batterie hinhalten, tatsächlich ein klein wenig früher auf als der Funke an dem Drahtende, wo der Strom wieder herauskommt. Während der erste Funke im Spiegel schon sichtbar ist, dreht sich der Spiegel noch ein klein wenig weiter. Bis der zweite Funke, nachdem der Strom durch den Draht gelaufen ist, aufblitzt und sich ebenfalls spiegelt.

Und durch diese kleine Drehung des Spiegels, zwischen dem ersten und dem zweiten Aufblitzen, kann man erkennen, wofür das menschliche Auge zu langsam ist: Dass der Strom tatsächlich eine Zeit braucht, um durch den Draht zu fließen, bis er dann am Drahtende wieder austritt und einen Funken erzeugt. Ziemlich schlau, nicht?

Mit Hilfe dieser beiden Tricks hat der englische Physiker Charles Wheatstone aus der Länge eines Drahtes, der Verschiebung der Funken und der Geschwindigkeit mit der sich der Spiegel dreht, eine Geschwindigkeit berechnet, die für damalige Vorstellungen unbegreiflich schnell war. Der Strom breitet sich nämlich fast mit Lichtgeschwindigkeit aus. Und wie du weißt, beträgt diese Geschwindigkeit unglaubliche 300.000 Kilometer pro Sekunde.

Übrigens wird die Lichtgeschwindigkeit in Albert Einsteins Leben noch eine sehr wichtige Rolle spielen. Sie wurde ungefähr 200 Jahre vor seiner Geburt entdeckt. Eher zufällig. Wie das genau geschah, werden wir auch noch erfahren. Aber mehr dazu in einem späteren Kapitel.

Zu Kapitel 5

Gedankenspiel-Seite

(A)

Die längste Stromleitung der Welt liegt derzeit in Brasilien. Sie verbindet Kraftwerke im Dschungel mit der Stadt Sao Paolo und ist 2.500 Kilometer lang. Mit dem Flugzeug bräuchtest du für die Strecke gut 3 Stunden. Was schätzt du - wie lange braucht der Strom dafür?

Die Antworten findest Du am Ende des Buches.

Kapitel 6

Die Wunder der Astronomie

Kannst du dich an die letzte sternenklare Nacht erinnern? Und hast du dir dann die Zeit genommen, die Sterne einmal wirklich ganz genau zu beobachten? Und hast du Sternbilder erkannt – den großen Wagen vielleicht?

Solltest du einmal das Glück haben, eine klare Nacht auf einem Berg zu verbringen, die störenden Lichter der Stadt in weiter Ferne, so wirst du feststellen, dass es am Himmel noch viel mehr Sterne gibt, als du bisher vielleicht gesehen hast. Und selbst dann sind die Sterne, die du siehst, nur ein winzig kleiner Teil der Sterne im Weltall.

Das Erstaunlichste ist aber, dass alles dort oben eine feste Ordnung hat. Dass die Astronomen genau vorhersagen können, wann die nächste Sonnenfinsternis ist, oder dass sie wissen, dass der Mars genau 687 Tage braucht, um einmal um die Sonne zu kreisen. Vermutlich fragte sich auch Albert Einstein, wie dies möglich ist, dass keine Post und keine

Bahn so sicher und genau die Ankunft vorhersagen kann, wie die Astronomen ein Himmelsereignis.

Im Jahr 1846 hat ein Pariser Naturforscher, sein Name war Urbain Le Verrier, nur durch Berechnung, herausgefunden, dass es in unserem Sonnensystem einen noch unentdeckten Planeten geben muss. Und dass dieser viele hundert Millionen Kilometer von uns entfernt sein muss. Monsieur le Verrier hat zudem vorhergesagt, dass dieser Planet ungefähr 165 Jahre brauchen müsse, um die Sonne zu umrunden und 20 mal schwerer sein müsse als die Erde. Außerdem hat er vorhergesagt, dass man den Planeten an einer ganz bestimmten Stelle am Himmel sehen könnte, wenn man nur ein ausreichend gutes Fernrohr hätte.

Le Verrier berichtete all dies der Akademie der Wissenschaften in Paris. Zu dieser Zeit versammelten sich dort die besten Wissenschaftler des Landes und besprachen ihre neuen Erkenntnisse. Die Akademie war damals übrigens eine reine Herrenrunde. Frauen waren nicht erlaubt.

An dieser Stelle wollen wir kurz vom Thema abweichen, denn 65 Jahre später, es war im Jahr 1911, führte diese frauenfeindliche Haltung zu großem Ärger. Die Akademie der Wissenschaften in Paris hatte nämlich gerade Marie Curie als Mitglied abgelehnt. Nun war Marie Curie nicht irgendeine Wissenschaftlerin. 1903 hat sie als erste Frau den Nobelpreis in Physik erhalten. Und 1911 hat sie, als erster Mensch überhaupt, einen zweiten Nobelpreis erhalten - in Chemie. Und nun stell dir vor, dass ausgerechnet diese große Wissenschaftlerin kein Mitglied werden durfte. Vermutlich nur, weil sie eine Frau war. Es war eine Unverschämtheit.

Albert Einstein hatte Marie Curie erst kurz zuvor auf einer Konferenz kennengelernt. Da es auch persönlich keine einfache Zeit für sie war - sie war Witwe und hatte zum Ärger der Öffentlichkeit einen neuen Mann – schrieb Einstein ihr einen bekannt gewordenen Brief: Darin teilte er ihr mit, wie sehr er ihren Verstand, ihre Energie und ihre Ehrlichkeit bewundere. Und was für Kriechtiere doch ihre Kritiker wären. Marie Curie und Albert Einstein verband seit dieser Zeit eine enge Freundschaft.

Marie Curie und Albert Einstein bei der Konferenz für Physiker im Jahre 1911 (Solvay Koferenz)

Doch zurück ins Jahr 1846 zu Le Verriers Entdeckung und zur Akademie der Wissenschaften. Ihm gegenüber verhielt sich die Akademie alles andere als abweisend: Sie sagten nicht, dass er wahrscheinlich verrückt sei, wenn er behauptet, dass es mehrere hundert Millionen Kilometer entfernt einen Planeten gäbe, den noch niemand gesehen hat. Nein, sie nahmen seine Arbeit ernst, da er ein angesehener Wissenschaftler war und ihnen auch erklären konnte, wieso er zu diesem Ergebnis kam.

Und kurz darauf sollte Monsieur Le Verrier tatsächlich Recht bekommen: Im September 1846 schrieb er einen Brief an Johann Gottfried Galle, der damals an der Berliner Sternwarte arbeitete. Diese besaß eines der besten Fernrohre der Welt. In seinem Brief bat er Galle, an einer genau bezeichneten Stelle am Himmel Ausschau nach dem neuen Planeten zu halten. Und noch am selben Abend, kurz nach Mitternacht, beobachtete dieser mit seinem Assistenten einen neuen Planeten. Fast genau an der genannten Stelle. Was sie fanden, war der äußerste Planet unseres Sonnensystems, der am weitesten von der Sonne entfernt ist. Er wurde später nach dem römischen Meeresgott Neptun benannt. Die Entdeckung war eine Sensation.

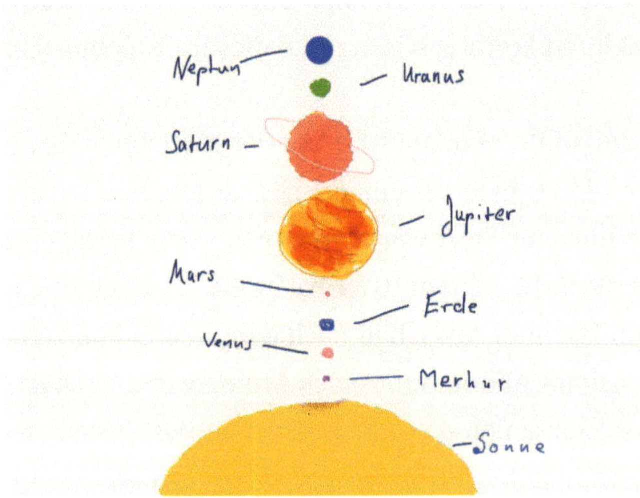
Neptun
Uranus
Saturn
Jupiter
Mars
Erde
Venus
Merkur
Sonne

Doch wie konnte Le Verrier diese Beobachtung vorhersagen? Wie konnte er wissen, dass es den Planeten Neptun überhaupt gibt und welche Eigenschaften er hat?

Nun, es war natürlich keine Zauberei und er hatte den Planeten auch nicht vorher heimlich mit einem Fernrohr gesehen. Er stützte sich bei seinen Überlegungen auf die Theorie von der Anziehungskraft der Himmelskörper, die der große Isaac Newton entwickelt hat. Du erinnerst Dich, wir haben bereits über ihn berichtet.

Dieses Gesetz besagt, dass jeder Himmelskörper eine Anziehungskraft besitzt und diese auf andere Himmelskörper ausübt. Ähnlich wie ein Magnet ein Stück Eisen anzieht. Wären die Planeten in unserem Sonnensystem also nicht in Bewegung, so würden sie einander immer näher kommen und am Ende allesamt in die Sonne stürzen.

Du kannst dir dies an einem einfachen Beispiel vorstellen: Nehmen wir an, dass in der Mitte eines Tisches ein starker Magnet liegt. Wenn wir nun eine Eisenkugel auf den Tisch legen, so wird sie geradewegs auf den Magneten zurollen. Wenn aber jemand die Kugel anstößt, so dass sie an dem Magneten vorbeirollen würde, so wird folgendes passieren: Der Magnet wird die rollende Kugel anziehen, bis sie auf einer Kreisbahn um ihn rollt. Dieser Umlauf kommt also durch zwei Kräfte zustande: Erstens, durch die Kraft, mit der wir die Kugel anstoßen. Und zweitens, durch die Kraft, mit der die Kugel vom Magneten angezogen wird.

Newton hat gezeigt, dass die Umläufe der Planeten um die Sonne auf die gleiche Art und Weise funktionieren. Nur, dass in diesem Fall die Sonne aufgrund ihrer riesigen Masse wie ein Magnet auf die anderen Planeten wirkt.

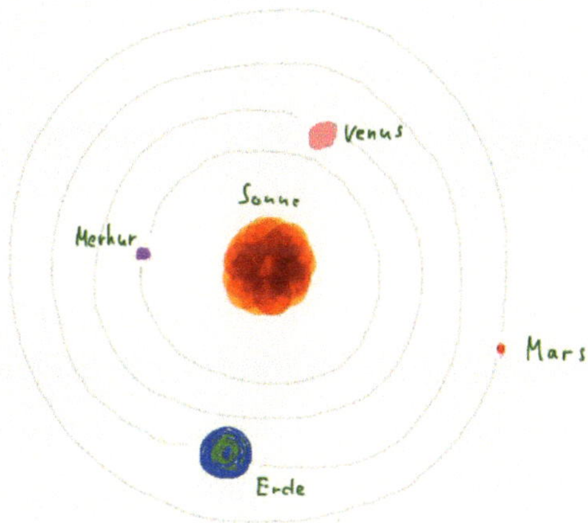
Venus
Sonne
Merkur
Mars
Erde

Newton hat aber noch mehr gezeigt. Er hat sich nämlich auch die Frage gestellt, ob die Planeten sich gegenseitig anziehen. Schließlich haben ja auch sie eine Masse, wenn auch eine viel geringere als die Sonne.

Und er hat auch gleich selbst die Antwort gefunden: Da die Anziehungskraft ganz wesentlich von der Masse der Himmelskörper abhängt, und die Sonne 750-mal schwerer ist als alle anderen Planeten zusammen, geht von der Sonne die weitaus größte Anziehungskraft aus. Würde die Sonne aber auf einmal verschwinden, so müssten sich die Planeten neu ordnen und würden um den zweitschwersten Himmelskörper in unserem Sonnensystem kreisen. Das wäre der Jupiter, der ungefähr 300-mal so schwer ist wie die Erde. Und aus dieser Überlegung sehen wir, dass auch die anderen Planeten nicht völlig ohne Einfluss auf das Himmelsgefüge sind.

Ein Beispiel dafür kennst du bestimmt aus eigener Erfahrung. Und zwar sind das die Gezeiten: Ebbe und Flut. Diese gibt es ebenfalls aufgrund der Anziehungskraft eines Himmelskörpers. Und zwar der des Mondes auf das Meer. Der Mond zieht nämlich das Meer in seine Richtung, so dass dieses an einigen Stellen ansteigt und einen „Wasserberg" bildet. Dann ist Flut. An den anderen stellen, wo dieses Wasser dann fehlt, sinkt das Meer ab. Dann sprechen wir von Ebbe.

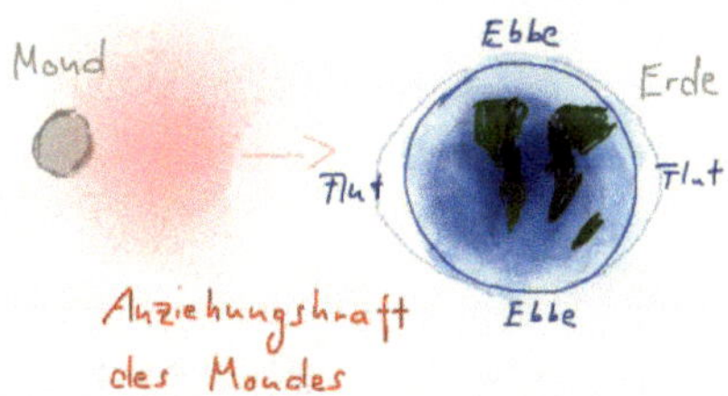
Mond
Ebbe
Erde
Flut
Flut
Ebbe
Anziehungskraft des Mondes

Dieses Zusammenspiel zwischen Mond und Erde trifft also auch auf alle anderen Planeten zu. Sie beeinflussen sich alle gegenseitig in ihrem Lauf um die Sonne.

Du kannst dir vermutlich vorstellen, dass es sehr kompliziert ist, diese vielen Laufbahnen genau zu berechnen. Und über lange Zeit fürchteten sich manche Astronomen, dass die Himmelskörper sich in ihren Bahnen irgendwann so stark stören könnten, dass das ganze Sonnensystem in Unordnung kommt. Dass es irgendwann sogar so schlimm kommen könnte, dass Planeten zusammenstoßen und uns „der Himmel auf den Kopf fallen" könnte.

Glücklicherweise wissen wir jedoch, dass uns dies nicht passieren wird. Den Beweis dafür erbrachte ein französischer Mathematiker um das Jahr 1800. Sein Name ist Pierre-Simon Laplace und er war wahrscheinlich der beste Mathematiker seiner Zeit. Er konnte berechnen, dass das Sonnensystem gerade so eingestellt ist, dass die Störungen der Planeten sich immer wieder ausgleichen und die Bahnen der Planeten daher stabil sind.

Mit diesem Wissen können wir nun auch verstehen, wie Urbain Le Verrier zu seiner großen Entdeckung kam. Aufgrund der Umlaufbahn des Uranus, das ist der siebte und vorletzte Planet unseres Sonnensystems, war klar, dass es irgendwo, weiter draußen, noch einen weiteren Planeten geben müsse. Denn trotz genauester Berechnungen konnte die Umlaufbahn des Uranus nicht durch die Anziehungskraft der Sonne und die Anziehungskräfte der bereits bekannten Planeten erklärt werden. Es musste also noch etwas geben, das seine Bahn ablenkte. Und dafür kam eigentlich nur ein weiterer Planet in Betracht.

Es gab damals mehrere Wissenschaftler, die diese Vermutung hatten. Doch le Verrier war der erste, der dem neuen Planeten auf die Spur kam. Seine Berechnungen waren am präzisesten. Und er war es schließlich, der den Kollegen an der Berliner Sternwarte die richtige Himmelsposition des neuen Planeten vorhersagen konnte.

Damals war so eine Neuigkeit noch nicht innerhalb von ein paar Stunden auf der ganzen Welt bekannt. Es dauerte einige Tage, bis sich die Sensation herumsprach. Die Zeitungen weltweit waren voll davon und Monsieur Le Verrier, dessen Vater sein Haus verkaufte, um seinem Sohn das Studium zu finanzieren, genoss seinen Triumph.

Albert Einstein, der später noch viel größere wissenschaftliche Erfolge feierte, ging mit seinem Ruhm etwas anders um. Der Rummel um seine Person war ihm unangenehm. Auf die Frage, wie er seine Berühmtheit finde, sagte er einmal: „Man kann der Lobhudelei nur durch Arbeit entgehen. Es gibt nichts anderes."

Zu Kapitel 6

Gedankenspiel-Seite

(A)

Wenn die Planeten um die Sonne kreisen bleiben ihre Bahnen stabil. Bei der Eisenkugel, die um den Magneten rollt, ist das jedoch nicht der Fall. Worin liegt der Unterschied?

(B)

Einer der Planeten in unserem Sonnensystem wird oft auch als „Abendstern“ bezeichnet. Weil er so hell leuchtet. Weißt du, welcher Planet das ist? Und warum „leuchtet“ er eigentlich, obwohl er ja keine Sonne ist?

Die Antworten findest Du am Ende des Buches.

Kapitel 7

Vom Druck der Luft

Im Mai 1978, ziemlich genau 23 Jahre nach Albert Einsteins Tod, bestiegen die beiden Bergsteiger Reinhold Messner und Peter Habeler als erste Menschen ohne Sauerstoffgerät den Gipfel des Mount Everest. Die letzten Meter krochen sie auf allen Vieren, eingepackt in einem roten und blauen Daunenanzug, bis zum Gipfel. Trotz monatelanger Vorbereitung hatten die Ärzte sie gewarnt, dass die Luft zu „dünn" sei und dass sie die große Höhe vielleicht nicht überleben würden. Doch mit größter Willenskraft erreichten sie den Gipfel und zeigten damit, dass der Mensch fähig ist, auch die allerhöchsten Berge unserer Erde zu besteigen.

Doch wie kommt es eigentlich, dass die Luft auf dem Mount Everest so dünn ist? Dass sie immer dünner wird, je höher man aufsteigt? Dass man ab einer gewissen Höhe kaum noch atmen kann?

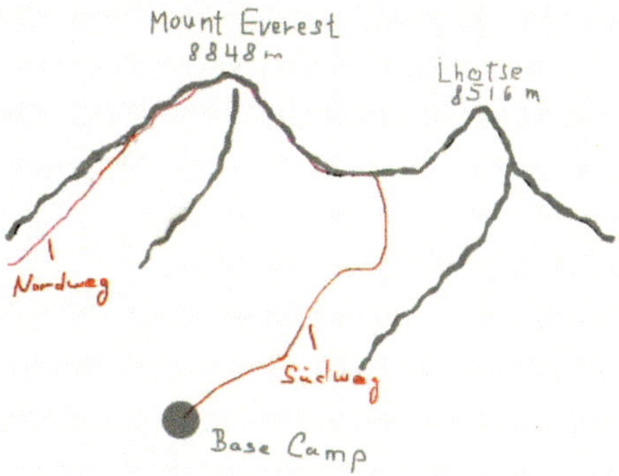
Mount Everest
8848 m
Lhotse
8516 m
Nordweg
Südweg
Base Camp

Den Grund dafür hast du wahrscheinlich schon oft gehört, denn in fast jedem Wetterbericht kommt der Begriff vor: Die Rede ist vom Luftdruck.

Luftdruck ist eigentlich ein seltsames Wort, nicht? Hast du dich noch nie gefragt, warum die Luft eigentlich drücken soll? Man spürt doch gar nichts. Wenn man unter Wasser taucht, dann ist das etwas anderes: Dann merkt man den Druck ganz deutlich. Wenn du zum Beispiel vom Fünf-Meter-Brett springst, willst du schnell wieder an die Wasseroberfläche, da du den Wasserdruck nach dem Eintauchen kräftig spürst. Dieses Gefühl kennen wir.

Aber bei der Luft? Da merken wir ja keinen Druck, wenn wir an der frischen Luft spazieren. Das liegt daran, dass der Mensch keinen Sinn wie das Schmecken, das Hören, das Riechen, das Sehen oder das Fühlen hat, der ihm sagt, welcher Luftdruck gerade ist. Und so können wir auch nicht fühlen, auf welcher Höhe wir uns gerade befinden. Ob wir beispielsweise am Strand liegen, wo der Luftdruck hoch ist. Oder ob wir in den Bergen wandern, wo er tiefer und die Luft dünner ist.

Um uns die Sache mit dem Luftdruck etwas klarer zu machen, können wir uns einen hohlen Ballon aus Metall vorstellen, den wir ganz genau gewogen haben. Wenn wir nun die Luft aus ihm aussaugen und ihn nochmals wiegen, so wiegt er etwas weniger. Das liegt ganz einfach daran, dass wir die Luft zuvor mitgewogen haben, als sie noch im Ballon war.

Wie jedes Ding hat also auch die Luft ein Gewicht. Zwar ist sie extrem leicht, aber wenn man sich vorstellt, wie viel Luft es gibt, so kommt doch eine gehörige Summe zusammen. Stell dir vor, du gehst spazieren, und über dir ist eine riesige Luftsäule. Die geht so weit, wie die Luftschicht der Erde hoch ist, also ungefähr 50 Kilometer. Was schätzt du, wie viele Kilo Luft auf dich drücken? 1 Kilo? 10 Kilo? 100? 1000?

Die Zahl ist größer, als du wahrscheinlich schätzt. Sie hängt auch von deinen Körpermaßen ab. Je kleiner und dünner du bist, desto weniger von dir gibt es nämlich, auf das die Luft drücken kann. Nehmen wir an, du bist zehn Jahre alt und durchschnittlich groß. Dann ist das Gewicht der Luft, das auf deinen Körper drückt ungefähr zwölf Tonnen schwer. Das sind 12.000 Kilogramm. Oder so viel wie zwei bis drei große Elefanten wiegen.

Das hältst du für einen Scherz? Es klingt tatsächlich unglaublich, entspricht aber der Wahrheit. Und wenn wir uns das Ganze näher ansehen, dann verstehen wir auch, wie dieses Gewicht zustande kommt und warum wir unter seiner Last nicht einfach zusammenbrechen.

Zum einen muss man verstehen, dass der Druck der Luft besonders ist. Denn Luft drückt anders als zum Beispiel feste Gegenstände.

Wenn du zum Beispiel einen Stein in ein viereckiges Gefäß legst und das Gefäß nicht brechen soll, dann ist es wichtig, dass der Boden stark genug ist, um den Stein zu tragen. Die Stärke der Seitenwände und des Deckels sind in diesem Fall nicht wichtig, da allein der Boden den Druck des Steins aushalten muss.

Würden wir das gleiche Gefäß aber mit Luft füllen, wie wäre es dann? Die Antwort ist relativ klar: Es käme nicht nur auf den Boden an, sondern auch auf die Seitenwände und den Deckel. Denn die Luft würde ebenso gut den Deckel wegdrücken wie den Boden oder die Wände. Das heißt also, wenn Luft drückt, dann drückt sie nicht nur nach unten oder seitwärts, sondern in alle Richtungen, auch aufwärts.

Für einen Spaziergänger bedeutet das also, dass der Druck der Luft keineswegs nur von oben auf ihn drückt. Oder nur von links, so dass es ihn nach rechts schieben würde. Oder von vorne, so dass es ihn nach hinten schieben würde. Der Luftdruck wirkt von allen Seiten, so dass er den Spaziergänger weder in die eine, noch in die andere Richtung drückt. Wir merken daher also schon mal keinen Druck in irgendeine Richtung.

Du meinst, das sei ein schwacher Trost? Wenn wir nur deswegen nicht in irgendeine Richtung geschoben werden, weil es von allen Seiten gleichzeitig drückt? Ja, wie kommt es eigentlich, dass wir dann nicht zerquetscht werden wie eine Zitrone?

Das ist die zweite Sache, die man verstehen muss. Den Druck auf uns nehmen wir deshalb nicht wahr, weil unser Körper mit Druck dagegenhält. Das liegt daran, dass in unserem ganzen Körper nicht ein einziges Fleckchen leerer Raum ist. Überall ist etwas: entweder Luft oder Flüssigkeit oder Muskeln oder Knochen. Die Körperteile bestehen wiederum aus vielen kleinen Körperzellen, die jede einen inneren Druck hat, der genau so stark ist wie der Druck der Luft, die uns umgibt.

Der Mensch, die Tiere und alle Pflanzen sind so gebaut, dass zwischen ihren inneren Teilen und der äußeren Umgebung ein Druck-Gleichgewicht herrscht. Und dieses Gleichgewicht sorgt dafür, dass wir den Druck der Luft, der so groß ist wie drei Elefanten, gar nicht spüren.

Was wäre denn, wenn wir im Weltraum ohne Weltraumanzug wären? Dort gibt es ja keine Luft und auch keinen Luftdruck. Würden wir ohne diesen Gegendruck von außen einfach platzen? Vor einigen Jahrzehnten gab es tatsächlich einen Fall, wo ein Astronaut der NASA ganz kurz einem beinahe luftleeren Raum ausgesetzt war. Er überlebte und berichtete anschließend, dass das Wasser auf seiner Zunge zu kochen begann. Wir würden zwar nicht platzen, aber ohne Luftdruck würde die Flüssigkeit in unseren Körperzellen auch schon bei normalen Temperaturen zu kochen beginnen. Dies liegt daran, dass das Wasser umso schneller zu brodeln beginnt, je weniger stark es durch den Luftdruck „zusammengedrückt" wird. Angenehm wäre es jedenfalls nicht und wir würden es auch nicht sehr lange überleben. Man schätzt, eine halbe Minute vielleicht.

Mit diesem Wissen über den Luftdruck kannst du dir nun auch vorstellen, warum die Bergsteiger, als sie den Mount Everest bestiegen, so große Schwierigkeiten hatten. Dass Messner und Habeler die letzten Meter nur noch kriechen konnten. Dies liegt daran, dass die Luftmenge über ihnen viel kleiner war als im Tal und damit auch der Druck der Luft. Und mit dem Luftdruck nahm auch die Menge der Sauerstoffteilchen in der Luft ab, die sie einatmeten. Ihr Herz und ihre Lunge mussten daher viel mehr arbeiten. Auch wenn sie sich nur ganz langsam bewegten.

Auf einer Höhe von 5.500 Meter ist der Luftdruck nur noch halb so hoch wie am Meer. Und ab einer Höhe von 8.000 Meter ist er nur noch ein Drittel so hoch. Die Bergsteiger nennen diesen Bereich auch „Todeszone“. Denn selbst die Trainiertesten unter ihnen können mit so wenig Sauerstoff in der Luft nur wenige Stunden überleben.

Ob Albert Einstein jemals auf so hohe Berge geklettert ist, dass ihm die Luft zu dünn wurde? Wir wissen es nicht. Er ging zwar gerne wandern, zum Beispiel auch zusammen mit seiner Freundin Marie Curie, aber ob die beiden dabei auf solch hohe Höhen aufgestiegen sind?

Vermutlich eher nicht. Lieber als das Bergsteigen war Einstein sowieso das Segeln. Übrigens sehr zur Sorge seiner Familie, da er selbst als erwachsener Mann noch nicht richtig schwimmen konnte.

Zu Kapitel 7

Gedankenspiel-Seite

(A)

Stell dir vor, ihr fahrt in euren Ferien in die Berge. Deine kleine Schwester will auf die Fahrt unbedingt den Luftballon mitnehmen, den du ihr heute früh noch aufgeblasen hast. Wenn deine Familie mit dem Auto die Bergstraße hochfährt, wird der Luftballon immer größer. Weißt du, woran das liegt?

(B)

Wenn die beiden Bergsteiger Messner und Habeler auf dem Gipfel des Mount Everest verunglückt wären, hätte ihnen kein Hubschrauber zur Hilfe kommen können. Kannst du dir vorstellen, womit das zusammenhängt?

Die Antworten findest Du am Ende des Buches.

Kapitel 8

Wie man die Lichtgeschwindigkeit entdeckte

Du weißt ja schon einiges über die Lichtgeschwindigkeit. Zum Beispiel, dass sie unvorstellbar schnell ist, nämlich 300.000 Kilometer pro Sekunde. Aber bislang haben wir noch nicht darüber berichtet, wie man die Lichtgeschwindigkeit eigentlich „entdeckt" hat.

Die Geschwindigkeit des Lichts wurde eher zufällig entdeckt. Und zwar im Jahre 1676, durch den dänischen Astronomen Ole Römer. Römer war ein überaus erfolgreicher Mann. Er war nicht nur königlich dänischer Astronom und Professor an der Universität, sondern in seinen späten Jahren auch Bürgermeister von Kopenhagen. Zum Zeitpunkt seiner großen Entdeckung arbeitete er gerade an der Sternwarte in Paris und beobachtete den Jupiter. Genauer gesagt, betrachtete er mit seinem Fernrohr einen der vier großen Monde des Jupiters und wie dieser um den Jupiter kreiste.

Jupiter
Io
Ganymede
Europa
Callisto

Dabei fiel ihm etwas Verwunderliches auf: Je nachdem, zu welcher Jahreszeit er den Jupitermond beobachtete, änderte sich die Uhrzeit, zu welcher der Mond hinter dem Jupiter verschwand. Es ging zwar jeweils nur um ein paar Minuten, die diese Zeit von Römers Berechnungen abwich, aber er konnte es sich einfach nicht erklären. Bis ihm folgender Gedanke kam: Könnte es vielleicht mit Römers eigener Entfernung zum Jupiter zusammenhängen? Also damit, wo die Erde sich auf ihrer Umlaufbahn um die Sonne gerade befand? Und wie weit dieser Punkt dann jeweils vom Jupiter entfernt ist? Und damit war er auf der richtigen Spur!

Römer schlussfolgerte, dass der Unterschied zwischen diesen beiden Tagen am größten sein müsse, an denen die Erde dem Jupiter jeweils am nächsten und am weitesten entfernt ist. Und da die Erde einen Kreis um die Sonne macht und sich der Jupiter nur sehr langsam bewegt, wusste er auch, dass diese beiden Tage ein halbes Jahr auseinander liegen mussten.

Und so war es. Römer stellte fest, dass der Zeitunterschied zwischen diesen beiden Tagen am größten war. Er betrug ungefähr 20 Minuten. Um so viel verschwand der Jupitermond also an dem Tag „später“ aus seinem Teleskop, an dem die Erde am weitesten vom Jupiter entfernt war.

Römer wurde klar, dass dies eigentlich nur eines bedeuten konnte: Er sah das Verschwinden des Jupitermondes deshalb später, weil das Licht, das von ihm zu Römers Fernrohr kam, ungefähr 1.000 Sekunden, also knapp 20 Minuten, brauchte, um die zusätzliche Entfernung zurückzulegen.

Und mit dieser Erkenntnis stand er plötzlich vor einer viel größeren Entdeckung. Er wusste nämlich, wie groß diese zusätzliche Entfernung war: Es war der Durchmesser der Erdumlaufbahn. Dieser beträgt ziemlich genau 300 Millionen Kilometer.

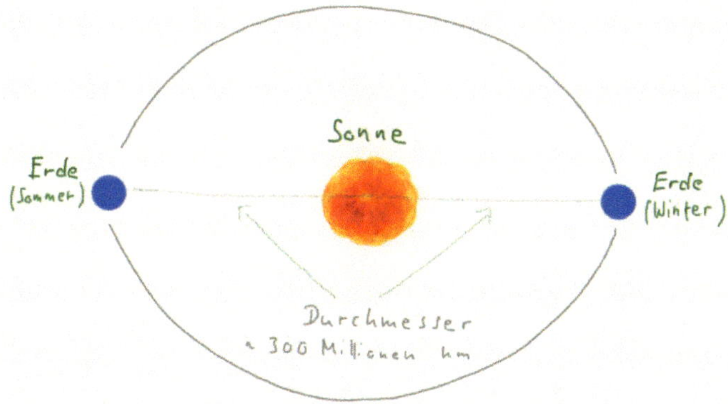
Sonne
Erde
(Sommer)
Erde
(Winter)
Durchmesser
≈ 300 Millionen km

Damit konnte Römer nicht nur die „Verspätung“ des Jupitermondes erklären, sondern er wusste nun, dass das Licht für eine Strecke von 300 Millionen Kilometer ungefähr 1.000 Sekunden braucht. Und damit konnt er ganz einfach die Lichtgeschwindigkeit berechnen: Wenn das Licht in 1.000 Sekunden 300 Millionen Kilometer zurücklegt, breitet es sich mit einer Geschwindigkeit von 300.000 Kilometer pro Sekunde aus.

Ole Römer hatte eine unglaubliche Entdeckung gemacht. Viele Wissenschaftler vermuteten damals noch, dass die Lichtgeschwindigkeit unendlich sei. Er konnte zeigen, dass sie zwar sehr schnell ist, aber nicht unendlich.

Zu diesem Zeitpunkt konnte er auch noch nicht ahnen, welche enorme Bedeutung die Lichtgeschwindigkeit mehr als 100 Jahre später für Albert Einstein haben wird. Sie sollte zu einer zentralen Säule seiner Theorien werden. Eine unveränderliche Größe. Einsteins wichtigste Konstante.

Zu Kapitel 8

Gedankenspiel-Seite

(A)

Einsteins berühmteste Formel kennst du bestimmt:

$$E = m \cdot c^2$$

Weißt du, wo darin die Lichtgeschwindigkeit steckt?

(B)

In einem Atomkraftwerk werden sehr kleine Massen (Atome) in sehr große Mengen an Energie umgewandelt. Kannst du diesen Zusammenhang auch in Einsteins Formel entdecken?

Die Antworten findest Du am Ende des Buches.

Kapitel 9

Eine Fantasiereise durch das Weltall

Stell dir vor, wie es wäre, mit einer Rakete zu fliegen. Oder auf einem unglaublich schnellen Pferd zu reiten. Oder mit Skiern einen sehr steilen Hang hinunterzurasen. Auch der junge Albert hatte solche Fantasien. Zwar eher nicht mit Skiern, aber dafür – etwas ungewöhnlicher - mit einem Lichtstrahl. Er stellte sich nämlich vor, wie es wohl wäre, auf einem Lichtstrahl durchs Weltall zu reiten.

Was klingt wie eine seltsame Träumerei, war in Wirklichkeit mehr. Albert war zu diesem Zeitpunkt auch schon kein Kind mehr. Er war 16 Jahre alt und lebte bereits nicht mehr bei seinen Eltern. Diese waren ein Jahr zuvor wegen der Arbeit seines Vaters nach Italien gezogen. Albert sollte noch bei Verwandten in München bleiben, um die Schule zu beenden. In dieser Schule, am Luitpold Gymnasium, hielt er es allerdings nicht sehr lange aus. Er war zwar ein hervorragender Schüler und in Mathematik seinen Lehrern überlegen. Doch ging er nicht gerne zur Schule. Die Lehrer am Gymnasium kamen ihm vor „wie Leutnants“.

Irgendwie schaffte er es, seinen Mathematiklehrer zu überreden, dass dieser ihm ein ganz besonderes Zeugnis ausstellte: Es besagte, dass Albert in Mathematik bereits jetzt das Wissen eines Abiturienten hätte. Damit verließ er dann vorzeitig - und ohne Abitur - die Schule. Beide Seiten waren froh: Einstein, dass er die ungeliebte Schule hinter sich lassen konnte. Und die Lehrer, dass sie ihn losgeworden waren.

Nach ein paar Wochen bei seinen Eltern in Italien bewarb er sich mit seinem Zeugnis am Polytechnikum in Zürich. Das Polytechnikum ist die heutige Eidgenössische Technische Hochschule und war schon damals eine der besten Hochschulen der Welt. Es war deshalb auch nicht leicht, dort als Student aufgenommen zu werden. Und so kam es auch, dass er beim Aufnahmetest durchfiel. Völlig berechtigt - wie er danach übrigens selbst meinte. Und zwar nicht wegen Physik oder Mathematik, sondern wegen Fächern wie Französisch und Pflanzenkunde.

Bei der Aufnahmeprüfung hatte er allerdings einen Professor für Physik derart beeindruckt, dass dieser ihm anbot, doch gleich das Studium aufzunehmen – trotz der missglückten Aufnahmeprüfung. Albert lehnte ab. Er entschloss sich, zunächst mit einem „richtigen“ Abschluss die Schule

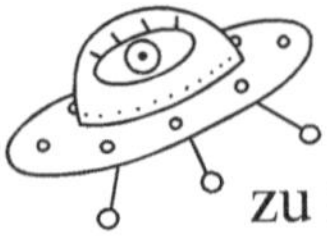

zu beenden. So kam er in die Kantonsschule nach Aarau, wo er sein Abitur nachholte. In der Schweiz heißt das Abitur übrigens Matura.

In diesem Alter träumte er also von dem Ritt auf dem Lichtstrahl. Er stellte sich vor, wie es wohl wäre, wenn er auf der gleichen Bahn wie die Erde um die Sonne fliegen könnte. Er bräuchte dafür mit Lichtgeschwindigkeit ja kein ganzes Jahr, sondern nur etwas weniger als eine Stunde. Würde er sich selbst, den Albert Einstein auf der Erde, dann sehen? Wie würde er seine Umgebung bei dieser Geschwindigkeit wahrnehmen?

Ein ganz ähnlicher Gedanke stand tatsächlich auch schon in Alberts Kinderbuch. Allerdings war es dort kein Lichtstrahl, auf dem jemand ritt, sondern ein Telegrafensignal, auf dem eine fantastische Reisegruppe durchs Weltall streifte. Und da wir zwischenzeitlich wissen, dass auch das Telegrafensignal, wie der Strom, mit Lichtgeschwindigkeit unterwegs ist, siehst du, dass die beiden Gedanken gar nicht weit voneinander entfernt waren: Der von Einstein und der aus seinem Buch.

Und dieser fantastischen Reisegruppe wollen wir nun ebenfalls ein wenig folgen: Sie machten sich – wir sind ja in der Fantasie - ohne besondere Ausrüstung auf den Weg. Startpunkt war natürlich die Erde und ihr erstes

Ziel war der Mond. Nach einem kurzen Augenblick konnten sie die Erde bereits vom Weltraum aus betrachten. Wie wunderschön der blaue Planet vor ihnen lag! Sie sahen das Meer und die Kontinente. Die Wolken und die Pole. Und während sie noch staunten, merkten sie, dass sie immer leichter wurden. Ihr Wanderhut fühlte sich nur noch wie ein Fliegengewicht an. Und sie selbst begannen zu schweben. Das lag daran, dass die Anziehungskraft der Erde immer kleiner wurde, je weiter sie sich von ihr entfernten.

Etwas weiter dann, schon recht nah beim Mond, fiel ihnen etwas Sonderbares auf: Ihren Hut, mit dem sie die ganze Zeit gespielt hatten, zog es kein bisschen mehr in Richtung Erde. Er schwebte vielmehr regungslos vor ihnen. Das lag daran, dass sie gerade die Stelle erreicht hatten, an der die Anziehungskraft des Mondes gleich stark in die eine Richtung zog, wie die Anziehungskraft der Erde in die andere Richtung. An diesem Punkt, an dem die Kräfte sich genau ausgleichen, herrscht Neutralität.

Danach flogen sie das letzte Stück weiter zum Mond und landeten auf seiner staubigen Oberfläche. Als sie sich unterhalten wollten, bemerkten sie überrascht, dass sie sich nicht hören konnten. Das lag daran, dass es auf dem Mond keine Luft gibt. Denn ohne Luft können sich auch keine Geräusche übertragen.

Nach der Zwischenlandung auf dem Mond beschlossen sie, zur Sonne weiterzureisen. Sie flogen vorbei an der Venus und am Merkur. Und sie merkten, wie es ständig heißer wurde. Bis irgendwann nur noch die Sonne in gewaltiger Größe vor ihnen stand. Ein unvorstellbar großer Feuerball. Wie ein glühendes und blubberndes Meer. Sie hatten Angst und beschlossen daher, die Sonne lieber aus der Entfernung zu betrachten. Eine kluge Entscheidung. Es wäre sehr gefährlich geworden, der Sonne zu nahe zu kommen. Aufgrund ihrer Masse, sie ist ungefähr 300.000-mal so schwer wie die Erde, ist ihre Anziehungskraft nämlich so groß, dass es unsere Reisegruppe bald hineingezogen hätte.

Nach all der Hitze und Gefahr, war es unseren Reisenden nach Abkühlung zumute und sie beschlossen, als Nächstes zum Mars zu fliegen. Nach Merkur, Venus und Erde ist der Mars der vierte Planet unseres Sonnensystems. Er ist ungefähr anderthalb Mal soweit von der Sonne entfernt wie die Erde und bot daher eine angenehme Abkühlung. Obwohl der Mars kleiner und leichter ist als die Erde, ist er ihr gar nicht mal so unähnlich. Es gibt dort sogar Eis und eine sehr dünne Luftschicht. Übrigens haben die Astronomen dies bereits vor 150 Jahren richtig vermutet.

Nach dem Mars flog unsere Reisegruppe dann noch weiter zum Jupiter und zum Saturn. Sie bewunderten die vier großen Monde des Jupiters und vor allem die wunderschönen Ringe des Saturn. Man ist sich zwar auch heute noch nicht ganz einig, aber vermutlich bestehen die Ringe aus den Überresten eines Mondes, der vor langer Zeit um den Saturn kreiste und sich dann in kleine Teile auflöste.

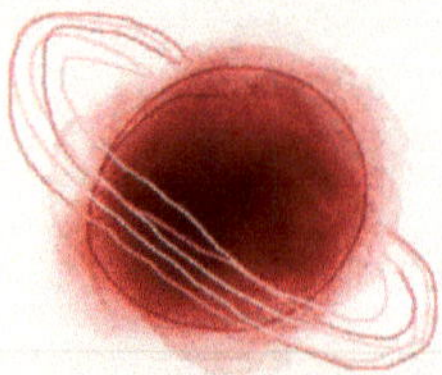
Saturn

An dieser Stelle beschloss die Reisegruppe dann, das kalte Weltall - es ist übrigens minus 270 Grad kalt - gegen die grüne Erde einzutauschen. Fast am Ende unseres Sonnensystems endete also der fantastische Ritt der kleinen Reisegruppe aus Einsteins Buch.

Er endete jedoch nur in Alberts Buch und nicht in seiner Fantasie. Dort setzte er die Reise nämlich fort, indem er noch Jahre später überlegte, wie es wohl wäre, auf einem Lichtstrahl durchs Weltall zu reiten.

Diese Überlegung war für Einstein rückblickend ein Startpunkt. Durch sie stieß er auf Fragen, für die die Physik zu dieser Zeit noch keine Antworten hatte. Zum Beispiel, ob man den Lichtstrahl einholen könnte, wenn man nur schnell genug wäre? Einstein wollte Antworten auf seine Fragen. Und lieferte die Antworten am Ende selbst. Es war die Geburtsstunde seiner Relativitätstheorie. Durch sie haben wir zum Beispiel verstanden, dass wir alle unsere eigene Zeit haben.

Als sich Psychologen und Fachleute für Hochbegabung später mit Albert Einstein und seinen unglaublichen Leistungen beschäftigten, fragten sie sich, wie es denn möglich war, dass ein einzelner Mensch so viel Neues herausfinden konnte. Dass er Zusammenhänge erkannte, die vor ihm niemand in Verbindung bringen konnte.

Ein Grund ist vielleicht, dass er sich Zeit seines Lebens einen kindlichen Blick bewahrt hat. Dass er, ohne dass es ihm peinlich war, darüber sprechen konnte wie es wohl wäre, auf einem Lichtstrahl zu reiten. Und dass er sich auch traute, ganz einfache Fragen zu stellen.

Denn ist es nicht häufig so im Leben: Dass erst die Antworten auf die einfachen Fragen den Blick öffnen für das große Ganze?

Zu Kapitel 9

Gedankenspiel-Seite

(A)

Stell dir vor, du müsstest die Menschheit retten und alle müssen auf einen anderen Planeten umziehen. Wenn du einen Planeten aus unserem Sonnensystem auswählen solltest, welchen würdest du nehmen? Warum?

(B)

Was schätzt du: Wie würde die Zeit für unsere Reisegruppe vergehen, wenn sie mit Lichtgeschwindigkeit reisen?

Die Antworten findest Du am Ende des Buches.

Kapitel 10

Von der Unendlichkeit

Seit es uns Menschen gibt, haben wir den Wunsch das Unendliche zu erforschen. Was liegt hinter den uns bekannten Grenzen? Und egal wie weit wir blicken, es bleibt immer die Frage: Was ist dahinter? Was kam davor?

Wer die Vorstellung der Menschheit von der Unendlichkeit über die Jahrtausende betrachtet, der bekommt auch eine Vorstellung davon, wie sich die Anschauung der Menschen über die Zeit entwickelt hat. Wie wir vom Ahnen zum Erkennen kamen. Und vom Glauben zum Wissen.

In der Zeit, und wir reden dabei über den längsten Teil der Menschheitsgeschichte, als die Menschen nur ahnten und glaubten, waren es Götterbilder und Geister, die sie sich erdachten, um allem Unerklärlichen einen Sinn zu geben.
Da waren Blitze die Waffen der Götter, Donner ihr Zorn und Erdbeben ihre Strafe. Die Erde war eine Scheibe, die auf Säulen stand. Unter ihr die Unterwelt. Im Himmel die Oberwelt, die Welt der Götter.

Oberwelt
Unterwelt

Himmel und Erde waren in der damaligen Vorstellung so nah, dass sie sich berührten. Dass Menschen zu Halbgöttern wurden und Götter zu Halbmenschen. Die Pharaonen im alten Ägypten beispielsweise wurden als die Söhne des Sonnengottes verehrt. Die Grenzen des Wissens waren damals so eng, dass sie schon dort begannen, wo man nicht mehr zu Fuß hingehen konnte.

Ganze Jahrtausende vergingen, in denen die Menschheit im Dunkel des Nicht-Wissens verbrachte. Die Menschen versuchten auf sonderlichste Art und Weise etwas über die Zukunft herauszufinden. Der Rauch eines Feuers, die Eingeweide von Opfertieren oder die Flugbahn von Vögeln wurden plötzlich zu geheimen Botschaftern der Zukunft. All dies war natürlich völliger Blödsinn, doch erst langsam, sehr langsam, entwickelte sich diese Erkenntnis.

Es dauerte alles in allem 300.000 Jahre seit den ersten modernen Menschen, bis jemand kam und das, was alle Generationen zuvor dachten, auf den Kopf stellte. Bis jemand kam und sagte: „Die Erde ist gar keine Scheibe, sondern eine Kugel." Es waren die großen griechischen Denker Pythagoras und Platon sowie dessen Schüler Aristoteles, die dies als Erste erkannten. Sie bemerkten, dass die Sternbilder in südlichen Ländern anders standen. Und sie sahen bei einer Mondfinsternis, dass der Schatten der Erde rund war. Und daraus folgerten sie, dass die Erde keine Scheibe sein könne, sondern eine Kugel sein müsse.

Diese Vorstellung war so unerhört anders, dass sie das Weltbild der Menschen völlig in Frage stellte. Mit ihr passte auch die alte Vorstellung von einer Oberwelt und einer Unterwelt nicht mehr zusammen. Und das Unerklärliche wurde immer seltener als göttlicher Eingriff erklärt.

Die Menschen entfernten sich von ihrem Glauben an die zahlreichen Götter und Halbgötter. Stattdessen begannen sie - als erste waren es die Juden - nur noch an einen Gott zu glauben. In ihrer Vorstellung griff dieser Gott auch nicht mehr ständig in den Alltag auf der Erde ein, sondern betrachtete das menschliche Treiben aus der Entfernung. Er war auch nicht mehr nur für die Erde verantwortlich, sondern für das ganze Weltall. Und damit rückte der Blick der Menschen auch unbemerkt einen Schritt zurück, weiter zu dem hinaus, was wir als Unendlichkeit begreifen.

Nach den Griechen kamen die Römer. Sie waren sehr erfolgreiche Staatsmänner, Eroberer und Baumeister. Aber vor lauter Streben nach Macht und Luxus interessierten sie sich viel weniger für die Natur und die Wissenschaft als die Griechen. Sie bauten lieber Straßen durch ihr riesiges Reich und erfanden Fußbodenheizungen für ihre Häuser.

Nach den Römern brach in Europa eine dunkle Zeit an. Es war eine kriegerische Zeit, in der die Völker versuchten, sich gegenseitig zu verdrängen und in der die Menschen begannen, wieder an sehr seltsame Dinge zu glauben.

Bestimmt hast du schon vom „finsteren Mittelalter“ gehört. Nun, natürlich schien die Sonne nicht plötzlich dunkler, aber der wunderbare Geist der alten Griechen, die die Welt verstehen und erklären wollten, dieser Geist war finsteren Vorstellungen gewichen. Viele Menschen konnten weder lesen noch schreiben. Sie wussten auch nichts von Mathematik oder Philosophie, sondern erfanden allerlei Märchen und Wundergeschichten. Sie glaubten an Geister, Zauberer, Teufel und Hexen. Kurzum, es waren keine guten Zeiten für die Wissenschaft, zumindest nicht in Europa.

Ganz anders übrigens als in China, wo insbesondere die Mathematik in dieser Zeit große Fortschritte machte und man begann, komplizierte Gleichungen zu lösen.

In Europa dauerte es ungefähr eintausend Jahre bis endlich eine neue Zeit anbrach. Es war um das Jahr 1400 und begann zunächst in den italienischen Städten. Dort ganz besonders in Florenz. Die Bewohner hatten die Werke der alten Griechen wieder für sich entdeckt. Sie begannen Griechisch zu lernen und erinnerten sich wieder an Platon, Aristoteles und die anderen Philosophen.

Vor allem ein Mann, ein Maler, wollte alles ganz genau verstehen. Er wollte durch eigene Beobachtungen und Versuche herausfinden, wie die Dinge in der Natur wirklich zusammenhängen. Sein Name war Leonardo da Vinci. Wenn man sich heute vor Augen führt, was er alles analysiert, zerlegt, vermessen, geplant und gebaut hat, so kann man nur staunen, wie ein einzelner Mensch so viel herausfinden konnte. Unter anderem findet man in seinen Aufzeichnungen auch den Satz: „Il sole non si muove“ - „Die Sonne bewegt sich nicht“.

Wir können es nicht mit Sicherheit sagen, aber vielleicht hatte Leonardo neben seinen vielen anderen Entdeckungen auch herausgefunden, dass sich nicht die Sonne um die Erde dreht, sondern die Erde um die Sonne. Dass also nicht die Erde im Mittelpunkt steht, wie die Menschen damals glaubten, sondern die Sonne. Falls es so war, behielt er das Geheimnis allerdings für sich.

Leonardo Da Vinci

Doch es dauerte nicht lange, nur ein paar Jahre, bis ein polnischer Arzt und Astronom dieses neue Weltbild verkündete. Sein Name war Nikolaus Kopernikus.

Kopernikus verkündete also, dass die Erde sich um die Sonne dreht und nicht die Sonne um die Erde. Und er kam zu dem Schluss, dass die Erde sich dabei nicht einmal besonders verhält, sondern genau wie die anderen Planeten auch. Und mit dieser Erkenntnis wurde die Erde plötzlich aus dem Zentrum unserer Vorstellung gerissen und wurde zu einem normalen Planeten, zu einem Teil eines riesigen Weltalls.

Stell dir vor, welch eine Veränderung das für die Menschen war. Das ist, als ob du dein ganzes Leben lang glaubst, dass du der einzige Mensch mit einem Bauchnabel bist. Und plötzlich kommt jemand und sagt dir, dass das völlig normal ist und es Milliarden von Menschen mit Bauchnabel gibt.

Als Erste verstanden die Astronomen das neue Weltbild. Sie begannen zu erforschen, welche Position die Erde im Weltall hat. Sie wollten wissen, wie weit sie von den anderen Planeten und Sternen entfernt ist. Und dazu erfanden sie immer bessere Teleskope und Verfahren, um die Entfernungen der Sterne und Planeten zu berechnen.

Sie machten ihre Beobachtungen von unterschiedlichen Standorten aus und konnten anhand der Ausrichtung ihrer Teleskope und der Distanz ihrer Beobachtungsstellen die Entfernungen schätzen. Wie bei einem Dreieck, bei dem du die Winkel kennst und eine Seitenlänge.

Man drang mit den neuen Teleskopen und Berechnungen in so weite Entfernungen vor, dass man begann, die Entfernungen nicht mehr in Kilometern oder Meilen zu messen, sondern in Lichtzeit. Man drückte Entfernungen also in der Zeit aus, die das Licht braucht, um diese Entfernung zurückzulegen. Ein Stern, der 100 Lichtjahre von der Erde entfernt ist, ist also so weit weg, dass das Licht 100 Jahre unterwegs ist, um von dort zu uns zu gelangen.

Man realisierte auch, dass das, was wir heute von diesem Stern sehen, tatsächlich vor 100 Jahren passiert ist. Dieser Stern könnte mittlerweile sogar erloschen sein und wir würden es noch nicht bemerken. Erst 100 Jahre nachdem sein Licht zum letzten Mal auf die Reise zu uns gegangen ist, würde uns auffallen, dass er nicht mehr existiert.

Und so kam es, dass wir erst in den letzten Jahrhunderten, nach vielen tausend Jahren Menschheitsgeschichte, immer weiter in das Weltall sehen konnten. Und je weiter wir sahen, desto klarer wurde uns, dass die Erde nur ein winziger Teil des Universums ist. Dass sich die Sonne nicht um uns dreht, sondern wir uns um sie. Dass wir nicht der Mittelpunkt von allem sind, sondern ein Planet unter unzählbar vielen. Dass auch unser Sonnensystem wiederum nur eines von unzählbar vielen in unserer Galaxie ist. Und dass selbst unsere Galaxie, die Milchstraße, nur eine von unzählbar vielen Galaxien im Weltall ist.

Und wir konnten nicht nur immer weiter hinaus blicken, sondern damit auch immer weiter in die Vergangenheit. Wir konnten Sterne und Galaxien sehen, deren Licht viele Millionen Jahre zu uns unterwegs war. Und so sehen wir mittlerweile immer weiter zurück, zu der Zeit, als das Weltall noch jung war.

Und mit dieser Erkenntnis verschob sich auch unsere Vorstellung von der Unendlichkeit. Was für die Menschen zunächst der Himmel war, zum Greifen nah, wurde über die Zeit zu einer Vorstellung von einem immer größer werdenden Weltall. Und mit unserer Vorstellung von der Unendlichkeit änderte sich auch unser Blick auf uns selbst. Wie bedeutend wir Menschen und die Erde in alldem wohl sind?

Wer auch immer eine neue Genesis schreibt, eine Geschichte der Schöpfung, würde diese heute vielleicht nicht mehr mit den Worten beginnen, dass am Anfang Himmel und Erde entstanden. Die Geschichte würde zunächst von der Unendlichkeit erzählen. Von Räumen und Zeiten, die für unsere Vorstellung unbegreiflich groß sind. Und sie würde von einem Anfang erzählen, dem wir zwar immer näher auf die Spur kommen, über den wir aber das Wichtigste immer noch nicht wissen: Was war davor? Was kommt dahinter?

Kapitel 11

Einstein und wer nach ihm kommt

Wenn du das Buch bis hier gelesen hast, oder es vielleicht vorgelesen bekommen hast, dann hast du mittlerweile eine Vorstellung davon, womit Albert Einstein sich im Alter von etwa zehn Jahren beschäftigte. Er wusste also über die Anziehungskraft von schweren Körpern Bescheid. Er wusste eine Menge über Geschwindigkeiten - zum Beispiel über die des Lichts und die des Stroms. Er hatte eine Vorstellung vom Weltall. Er verstand etwas vom Luftdruck und von der Bewegung der Meere. Und er hatte ganz allgemein eine Vorstellung von Naturgesetzen. Davon, welche Ordnung sich die Natur gegeben hat und wie die Dinge zusammenhängen.

Wie du weißt, zog Albert nach seiner Kindheit in München in die Schweiz, wo er im Alter von 17 Jahren die Schule abschloss. Sein Zeugnis war ausgezeichnet.

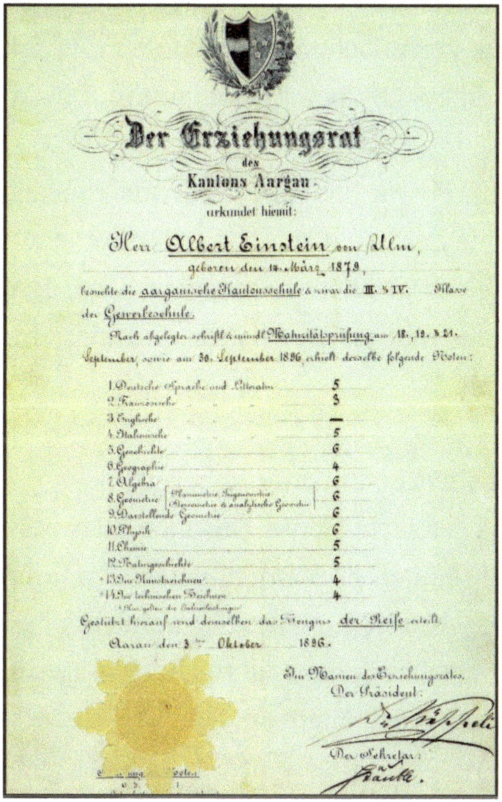

Der Erziehungsrat
des
Kantons Aargau
urkundet hiemit:

Herr Albert Einstein von Ulm,
geboren den 14. März 1879,
besuchte die aargauische Kantonsschule & zwar die III. & IV. Klasse der Gewerbeschule.

Nach abgelegter schriftl. & mündl. Maturitätsprüfung am 18., 19. & 21. September, sowie am 30. September 1896, erhielt derselbe folgende Noten:

1. Deutsche Sprache und Litteratur	5
2. Französische	3
3. Englische	—
4. Italienische	5
5. Geschichte	6
6. Geographie	4
7. Algebra	6
8. Geometrie (Planimetrie, Trigonometrie, Stereometrie & analytische Geometrie)	6
9. Darstellende Geometrie	6
10. Physik	6
11. Chemie	5
12. Naturgeschichte	5
* 13. Im Kunstzeichnen	4
* 14. Im technischen Zeichnen	4

* Hier gelten die Jahresleistungen.

Gestützt hierauf wird demselben das Zeugnis der Reife erteilt.

Aarau, den 3ten Oktober 1896.

Im Namen des Erziehungsrates,
Der Präsident:

Der Sekretär:

In Algebra, Geometrie, Physik und Geschichte hatte er die Bestnote - in der Schweiz ist das die Sechs, nicht die Eins. Anschließend studierte er an der Eidgenössischen Technischen Hochschule in Zürich und nahm nach seinem Abschluss eine Stelle beim Patentamt in Bern an.

Während dieser Zeit, es war das Jahr 1905, war Einstein unglaublich fleißig. Er veröffentlichte Schriften zu gleich vier Forschungsthemen, von denen jede einzelne von größter wissenschaftlicher Bedeutung war. Man spricht daher auch noch heute von seinem Wunderjahr. Einstein war damals erst 26 Jahre alt.

Unter den Physikern wurde er dadurch bereits bekannt, doch war Einstein noch nicht das gefeierte Genie. Das kam alles erst im Jahr 1919, als einige Forscher während einer Sonnenfinsternis mit ihren Teleskopen eine ganz bestimmte Abweichung des Sonnenlichts messen konnten. Eine Abweichung, die Einstein ein paar Jahre zuvor mit seiner allgemeinen Relativitätstheorie vorausgesagt hatte.

Durch diese Beobachtung wurde klar, dass Einstein Recht hatte. Dass seine Theorie tatsächlich stimmte. Dass er nur durch Überlegung und Mathematik etwas ungeheuer Bedeutendes herausgefunden hatte. Etwas, dass unser Verständnis von Welt und Weltall, von Raum und Zeit, so stark veränderte wie es zuvor vielleicht nur Newton mit seinen Entdeckungen gelang.

Als diese Nachricht die Runde machte, waren die Zeitungen auf der ganzen Welt voll davon und Albertle, dem wir gerade noch in seinem Kinderzimmer über die Schulter geschaut haben, wurde innerhalb von wenigen Tagen zu dem berühmten Wissenschaftler Albert Einstein. Er wurde zu einem Wissenschafts-Star, dessen Bild fast jedes Kind kannte.

Zu dieser Zeit lebte Einstein in Berlin, wo er Professor an der Universität und Direktor eines Instituts für Physik war. Es war eine aufregende Zeit und er reiste für Vorträge um die ganze Welt. 1922 erhielt er dann den Nobelpreis für Physik. Einstein hatte alles erreicht.

Doch diese glückliche Zeit hielt nicht allzu lange an. Denn die Politik änderte sich in diesen Jahren rasant und zwar zum Schlechten. Vor allem in Deutschland, wo die Nationalsozialisten und Hitler immer mehr Macht bekamen. Einstein war Jude und sah die Entwicklung mit großer Sorge. Er hatte schon früh einen klaren Blick auf das Unglück, das nun auf die Welt zukam, und entschied sich daher nach Amerika auszuwandern.

Nachdem er 1932 beruflich nach Amerika musste, kehrte er nicht mehr nach Deutschland zurück. Zunächst blieb er in Kalifornien und etwas später zog er nach Princeton, wo er Professor an der Universität wurde. Princeton war auch damals schon eine der besten Universitäten der Welt und dort war man natürlich sehr erfreut über den neuen Kollegen.

Princeton war auch sein letzter Wohnort. Einstein lebte dort noch zwanzig Jahre bis er 1955, im Alter von 76 Jahren, an einer Blutung im Bauch verstarb.

Doch wenn du es genau betrachtest, starb eigentlich nur sein Körper. Einsteins Ideen blieben unsterblich und beschäftigen die Wissenschaft bis heute.

Wenn du zum Beispiel von Schwarzen Löchern hörst. Davon wie Sterne am Ende ihres Lebens, wenn ihr innerer Brennstoff aufgebracht ist, immer größer werden und der übrig gebliebene Kern - zumindest bei den ganz großen Sternen – später zu einem Schwarzen Loch zusammengedrückt wird, dann könnten wir das ohne Einsteins Theorien nicht verstehen.

Wir würden ohne seine Relativitätstheorie auch viel weniger über den Beginn unseres Weltalls wissen. Davon, dass es vor fast vierzehn Milliarden Jahren einen Anfang gab. Den Urknall. Den man mittlerweile bis auf einen winzigen Bruchteil einer Sekunde zurückrechnen kann. Die heutigen Wissenschaftler glauben, dass das Universum zu diesem Zeitpunkt in etwa so groß war wie eine Grapefruit und unglaublich dicht und heiß. Jedenfalls wird es seit dem Urknall, dem Big Bang, immer größer und fliegt auseinander wie die Leuchtkugeln einer Feuerwerksrakete.

Du fragst dich, worin sich das Weltall ausbreitet? Das ist eine gute Frage. Wir wissen es nicht. Oder vielleicht noch nicht.

Es ist schon faszinierend: Da existiert das Weltall seit knapp vierzehn Milliarden Jahren. Die Erde gibt es seit über vier Milliarden Jahren und Leben auf ihr seit ungefähr drei Milliarden Jahren, angefangen mit den ersten Bakterien. Uns Menschen gibt es erst viel kürzer, den modernen Menschen seit ungefähr 300.000 Jahren.

Und das meiste von dem, was wir heute wissen, haben wir eigentlich erst in den letzten wenigen hundert Jahren herausgefunden. Ein winziger Augenblick im Vergleich zur Geschichte der Menschheit. Albert Einstein hat zu diesem Wissen einen übergroßen Beitrag geleistet. Es ist fast unglaublich, dass das alles von einem einzigen Menschen erdacht wurde.

Und wenn wir uns nun, am Ende dieses Buches, fragen, was wir selbst in Zukunft noch erforschen können, was überhaupt noch übrig ist für uns, so können wir beruhigt sein: Es gibt noch unglaublich viel herauszufinden. Zum Beispiel über das Weltall und seinen Ursprung, über die Erde und ihre Mechanismen und über uns selbst, unsere Funktionsweise und unseren innersten Aufbau.

Und vielleicht bist es ja du oder deine Kinder oder deine Enkelkinder, die das Wissen der Menschheit ebenfalls ein Stück weiterbringen können. Wäre das nicht großartig?

Antworten zu den Gedankenspiel Fragen

Kapitel 1 | Frage A

Du hast eine große Fischereiflotte und vermutest, dass gute Fischgründe immer da liegen, wo warme und kalte Wasserströme zusammenkommen. Wo auf der Welt würdest du deine Schiffe aufstellen?

Antwort

Der Golfstrom kühlt sich im Nordatlantik (1) und im Nordpazifik (2) ab. Und wärmt sich in der Nähe des Äquators im indischen Ozean (3) wieder auf.

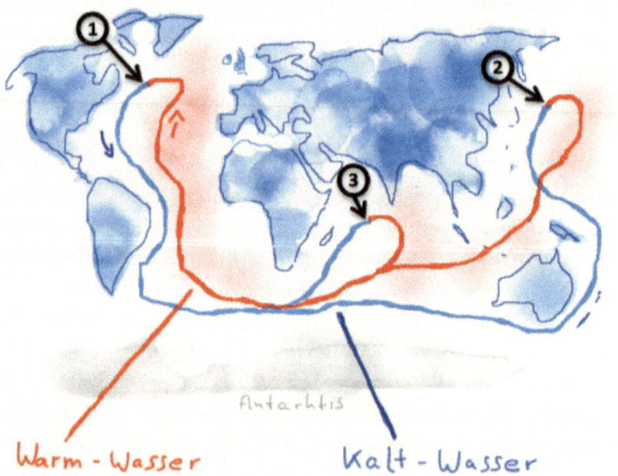

An diesen Stellen kommt es zu besonders großen Temperatur-unterschieden im Wasser. Wenn deine Vermutung stimmt, müsstest du also an diesen Orten deine Schiffe aufstellen.

Kapitel 1 | Frage B

Du bist leidenschaftlicher Surfer: In welchen nördlichen Regionen könntest du trotz der Lage im Norden in relativ warmem Wasser surfen?

Antwort

An den beiden eingezeichneten Stellen (1) und (2) heizt das warme Wasser die Umgebung im Norden deutlich auf.

In Schottland und Irland - das liegt bei der (1) - wachsen an der Westküste sogar Palmen. Obwohl es eigentlich so weit nördlich liegt wie Kanada (auf der anderen Seite des Atlantiks).

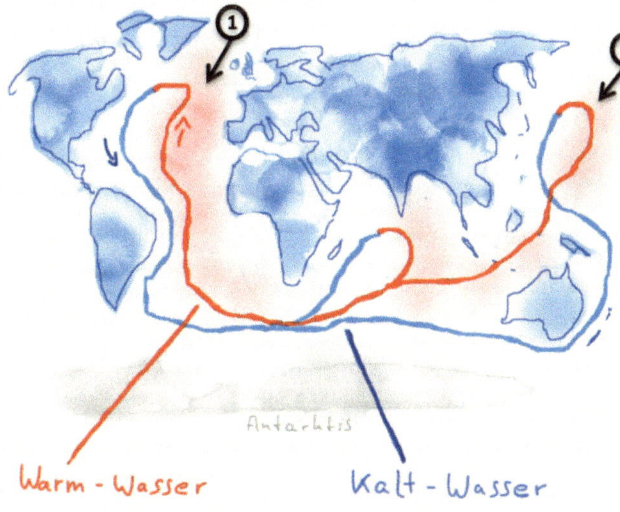

Hier könntest du also mit deinem Surfbrett in die Wellen springen. Trotz der Lage weit im Norden.

Kapitel 2 | Frage A

Du steigst auf die Rutschbahn mit kurzen Hosen und rutscht schnell runter. Dein Hintern brennt! Warum? Wie verwandelt sich die Energie beim Rutschen? Warum wäre es besser mit langer Hose?

Antwort

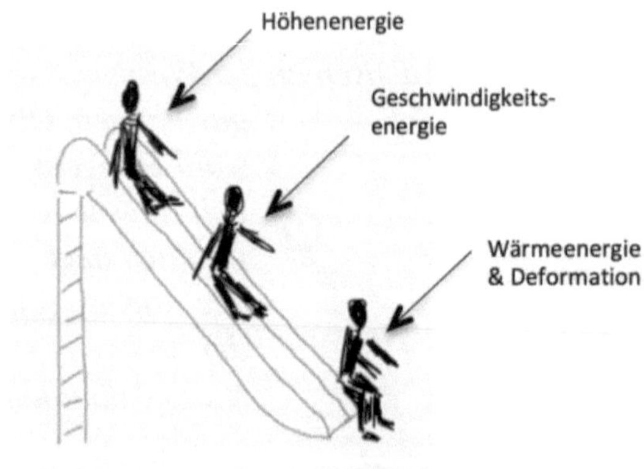

Dein Hintern brennt, weil deine Haut auf dem Metall oder Plastik der Rutsche reibt. Und somit entsteht beim Herunterrutschen Reibungswärme. Wenn du die Rutsche hochsteigst, gewinnst du durch Muskelkraft an <u>Höhenenergie</u>. Beim Rutschen wandelst du diese dann in <u>Geschwindigkeitsenergie</u> um. Gebremst wirst du durch die Reibung, wodurch <u>Wärmeenergie</u> entsteht.

Beim Aufprall am Ende entsteht übrigens nochmals Wärme durch die Reibung deiner Füße im Sand. Zudem geht ein Teil der Energie noch in die Deformation deiner Beine, wenn du in die Knie gehst.
Mit einer langen Hose kannst du meist besser rutschen, weil Stoffe oft glatter sind als die Haut. Somit entsteht weniger Reibung, die dich bremst.

Kapitel 2 | Frage B

Was passiert auf der Wasserrutsche – warum brennt dein Hintern da nicht?

Antwort

Die Wasserrutsche hat den Vorteil, dass es durch das Wasser weniger Reibung gibt. Man gleitet auf dem Wasserfilm viel schneller nach unten als auf der trockenen Rutsche.

Deshalb kann man auch am schnellsten rutschen, wenn man so wenig Auflagefläche wie möglich hat. Dann gibt es nämlich die wenigsten Verluste durch Reibung.

Kleiner Tipp für den Sommer: Am schnellsten bist du, wenn du den Hintern anhebst und nur mit den Schultern und einer Ferse die Rutsche berührst. Dann hast du die kleinste Auflagefläche und die geringste Reibung.

Kapitel 3 | Frage A

Welche Teile bräuchtest du, um eine Gravitationswaage zu bauen? Denkst du, deine Waage wäre exakt genug, um damit die Gravitationskonstante zu bestimmen?

Antwort

Der Aufbau der Gravitationswaage ist einfach. Du brauchst dazu im Grunde nur folgende Bauteile: 2 große Bleikugeln, 2 kleine Bleikugeln, 1 Stange und 1 Stück Draht.

Trotzdem hätten wir keine Chance die Gravitationskonstante (auch „groß-G" genannt) damit zu messen. Die Messung ist nämlich so empfindlich, die Bewegung der Kugeln so winzig, dass sich die Wissenschaftler an einer exakten Messung immer noch die Zähne ausbeißen. Der allerkleinste Lufthauch, die kleinste Erschütterung in der Umgebung reichen aus, um das Ergebnis zu verfälschen.

Auch aktuell bemühen sich mehrere Forscherteams darum „groß-G" genauer zu messen. Ein Team in Hamburg zum Beispiel hat ihre Waage in einem Raum 20 Meter unter der Erde aufgebaut. Damit es möglichst wenige Erschütterungen von außen gibt. Henry Cavendish hat mit seinem Versuchsaufbau vor über 200 Jahren bereits ein Ergebnis ermitteln können, das nur 1% vom heute gültigen Wert abweicht. Das war eine enorme Leistung.

Kapitel 3 | Frage B

Du lässt zwei unterschiedlich schwere Bälle aus gleicher Höhe gleichzeitig fallen. Zum Beispiel einen Tennisball und einen Tischtennisball. Beide kommen gleichzeitig unten an. Warum fällt der Tennisball nicht schneller, obwohl er zwanzigmal schwerer ist als der Tischtennisball?

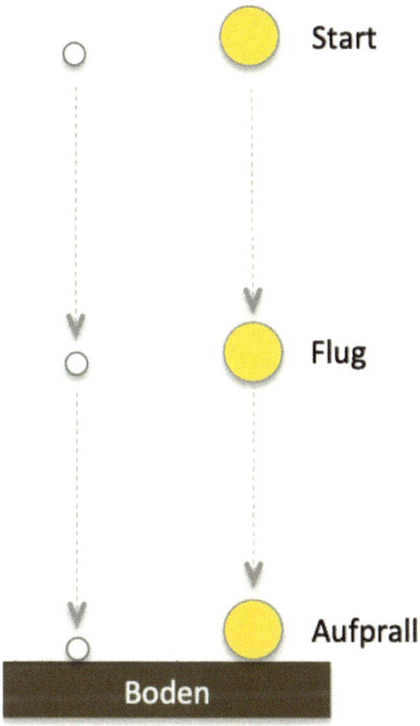

Antwort

Der Tischtennisball und der Tennisball kommen gleich schnell am Boden an, weil ihre Fallgeschwindigkeit viel (sogar sehr viel) mehr mit der Anziehungskraft der Erde zusammenhängt als mit ihrem eigenen Gewicht. Erde und Ball ziehen sich gegenseitig an und da das Gewicht der Bälle im Vergleich zum Gewicht der Erde verschwindend klein ist, ist eigentlich nur die Anziehungskraft der Erde entscheidend. Und diese ist für beide Bälle gleich.
Einen Unterschied könnte es jedoch durch den Luftwiderstand geben. Würdest du zum Beispiel einen Ball und ein Blatt Papier gleichzeitig fallen lassen, so kommt das Blatt Papier wahrscheinlich später am Boden an, da es durch die Luft stärker gebremst wird.

Kapitel 4 | Frage A

Stell dir vor, du bist auf einer einsamen Insel gestrandet. Damit dich vorbeifahrende Schiffe finden können, überlegst du dir, nachts ein Feuer auf der höchsten Stelle der Insel anzuzünden. In der ersten Nacht ist ein Schiff vorbeigefahren, hat das Feuer aber leider nicht gesehen. Um wie viel größer musst du das Feuer in der zweiten Nacht machen, wenn du willst, dass man es doppelt so weit sehen kann?

Antwort

Das Feuer müsste viermal so stark leuchten, damit es doppelt so weit sichtbar ist wie in der Nacht zuvor – sofern das Wetter gleich geblieben ist. Du müsstest also eine Menge Holz sammeln.

Besser wäre es noch, du hättest einen Spiegel dabei. Damit kannst du das Licht nämlich zu einem Lichtstrahl bündeln, der dann noch viel weiter sichtbar ist. Ganz ähnlich übrigens wie bei einem Leuchtturm. Auch dort wird das Licht durch spezielle Linsen gebündelt und kann dadurch viel weiter aufs Meer hinaus leuchten.

Kapitel 5 | Frage A

Die längste Stromleitung der Welt liegt derzeit in Brasilien. Sie verbindet Kraftwerke im Dschungel mit der Stadt Sao Paolo und ist 2.500 Kilometer lang. Mit dem Flugzeug bräuchtest du für die Strecke gut 3 Stunden. Was schätzt du – wie lange braucht der Strom dafür?

Antwort

Der Strom braucht für die Strecke ungefähr eine Hundertstel-Sekunde.
In der Praxis breitet sich der Strom nicht ganz mit Lichtgeschwindigkeit aus.
Das hängt zum Beispiel auch mit dem Material des Kabels zusammen.
Nehmen wir also mal an, in dem Kabel in Brasilien breitet sich der Strom mit 80% der Lichtgeschwindigkeit aus. Dann ergibt sich folgende einfache Rechnung:

$$\frac{\textit{Länge des Stromkabels}}{0.8 \times \textit{Lichtgeschwindigkeit}} = \frac{2.500\ km}{0.8\ x\ 300.000\ km/s} = 0.01\ \mathrm{s}$$

Kapitel 6 | Frage A

Wenn die Planeten um die Sonne kreisen, bleiben ihre Bahnen stabil. Bei der Eisenkugel, die um den Magneten rollt, ist das jedoch nicht der Fall. Worin liegt der Unterschied?

Antwort

Der Unterschied hängt mit der Geschwindigkeit zusammen. Während die Planeten auf ihrer Umlaufbahn nicht gebremst werden, verliert die Metallkugel durch die Reibung auf dem Tisch an Geschwindigkeit.
Bei den Planeten ist die Anziehungskraft durch die Sonne also genau so groß, dass die Planeten aus ihrer Umlaufbahn nicht entkommen können. Und da sowohl die Geschwindigkeit als auch die Masse der Sonne stabil sind, bleibt auch die Umlaufbahn der Planeten stabil.
Die Metallkugel hingegen wird langsamer, wenn sie auf dem Tisch rollt. Somit kann sie der Anziehungskraft des Magneten immer weniger entfliehen und rollt immer näher an diesen heran.

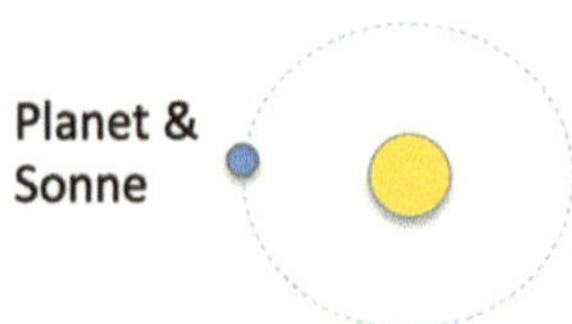

Kapitel 6 | Frage B

Einer der Planeten in unserem Sonnensystem wird oft auch als „Abendstern“ bezeichnet. Weil er so hell leuchtet. Weißt du, welcher Planet das ist? Und warum „leuchtet“ er eigentlich, obwohl er ja keine Sonne ist?

Antwort

Als Abendstern bezeichnet man den Himmelskörper, der am hellsten leuchtet, wenn die Sonne untergegangen ist. Meistens ist das die Venus, die heller leuchtet als jeder andere Stern oder Planet. Manchmal ist die Venus auf ihrer Umlaufbahn auch erst am Morgen sichtbar. Dann bezeichnet man sie als Morgenstern.

Jetzt wirst du dich vielleicht fragen, wie das gehen soll, dass die Venus leuchtet: Sie ist doch „nur“ ein Planet und keine Sonne. Wie soll sie also leuchten?

Nun, diese Arbeit übernimmt unsere eigene Sonne. Sie strahlt die Venus so stark an, dass das Sonnenlicht von ihr wiederum abstrahlt. Die Venus reflektiert also das Licht der Sonne, wodurch sie selbst zu leuchten beginnt. Und uns als schöner Abendstern erfreut.

Kapitel 7 | Frage A

Stell dir vor, ihr fahrt in euren Ferien in die Berge. Deine kleine Schwester will auf der Fahrt unbedingt den Luftballon mitnehmen, den du ihr heute früh noch aufgeblasen hast. Wenn deine Familie mit dem Auto die Bergstrasse hochfährt, wird der Luftballon immer größer. Weißt du, woran das liegt?

Antwort

Das liegt daran, dass der Luftdruck außerhalb des Ballons abnimmt, je weiter ihr die Bergstraße hinauf fährt. Im Gegensatz zur Füllmenge innerhalb des Ballons, also der Luftmenge, die du heute morgen in den Ballon gepustet hast. Die bleibt nämlich gleich, wenn du den Ballon fest genug zugeknotet hast.

Im Ergebnis führt das dann dazu, dass die Luft im Inneren den Ballon weiter auseinander drücken kann, wenn der Gegendruck von außen kleiner geworden ist. Der Ballon dehnt sich dadurch aus und wird größer.

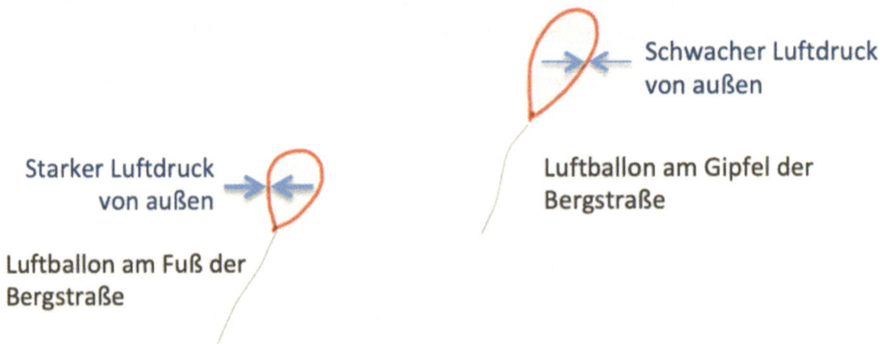

Kapitel 7 | Frage B

Wenn die beiden Bergsteiger Messner und Habeler auf dem Gipfel des Mount Everest verunglückt wären, hätte ihnen kein Hubschrauber zur Hilfe kommen können. Kannst du dir vorstellen, womit das zusammenhängt?

Antwort

Das liegt daran, dass der Gipfel des Mount Everest zu hoch ist für normale Rettungshubschrauber. Die Luft am Gipfel ist so dünn, dass die Rotorblätter des Hubschraubers nicht mehr genug Auftrieb erzeugen können und dass die Motoren der Hubschrauber nicht mehr genug Sauerstoff für die Verbrennung des Flugbenzins haben.

Die höchste je durchgeführte Bergrettung war auf einer Höhe von ungefähr 7.000 Metern. Das ist also deutlich unter dem Gipfel des Mount Everest, der - du weißt es sicher - auf 8.848 Metern liegt.

Es gibt zwar Spezialhubschrauber mit speziellen Rotoren und besonders starken Motoren, die hoch genug fliegen können. Zur Bergrettung eignen sie sich aber nicht gut, da sie in großen Höhen nicht viel Gewicht transportieren können.

Kapitel 8 | Frage A

Einsteins berühmteste Formel kennst du bestimmt:
$E = m \cdot c^2$
Weißt du, wo darin die Lichtgeschwindigkeit steckt?

Antwort

Das ist ganz einfach: Die Lichtgeschwindigkeit bezeichnet man in der Physik mit einem kleinen „c". Und „c" kommt auch in Einsteins Formel $E = m \cdot c^2$ *vor.*

Wie wir wissen, beträgt die Lichtgeschwindigkeit, also „c", knapp 300.000 Kilometer pro Sekunde. Der genaue Wert liegt übrigens bei 299.792 Kilometern pro Sekunde.

In Einsteins Formel wird sie sogar noch quadriert. Das heißt, dass sie mit sich selbst multipliziert wird. Man rechnet also „299.792 mal 299.792". Und das ergibt eine sehr grosse Zahl von knapp 90 Milliarden.

Kapitel 8 | Frage B

In einem Atomkraftwerk werden sehr kleine Massen (Atome) in sehr grosse Mengen an Energie umgewandelt. Kannst du diesen Zusammenhang auch in Einsteins Formel entdecken?

Antwort

Die Formel $\mathbf{E = m \cdot c^2}$ *besagt, dass die Energie so groß ist wie die Masse multipliziert mit der Lichtgeschwindigkeit im Quadrat.*

Das heißt also, dass die Masse mit einem enorm großen Wert multipliziert wird. Du kannst dir das ungefähr so vorstellen als ob deine Oma und dein Opa sagen, dass sie dein Taschengeld verhundertfachen. Das führt dann dazu, dass auch kleine Erhöhungen des Taschengeldes eine große Wirkung haben. Deshalb führt jede noch so kleine Veränderung der Masse zu einer sehr großen Veränderung der Energie.

Und das ist auch die Antwort, warum in Atomkraftwerken durch die Spaltung von sehr kleinen Massen sehr große Mengen an Energie gewonnen werden. Übrigens ohne dafür etwas verbrennen zu müssen.

Kapitel 9 | Frage A

Stell dir vor, du müsstest die Menschheit retten und alle müssen auf einen anderen Planeten umziehen. Wenn du einen Planeten aus unserem Sonnensystem auswählen solltest, welchen würdest du nehmen? Warum?

Antwort

Der Planet, der der Erde in unserem Sonnensystem am ähnlichsten ist, ist der Mars. Er hat eine Atmosphäre, also eine Luftschicht, und es gibt auf ihm auch Wasser.

Allerdings klingt das vielversprechender als es ist. In Wirklichkeit könnten wir auf dem Mars nicht leben. Die Luftschicht ist viel zu dünn, denn der Luftdruck ist dort ungefähr hundert mal schwächer als auf der Erde. Und auch das Wasser würde uns schnell ausgehen: Im Vergleich zur Erde ist nämlich nur sehr wenig davon vorhanden - der Großteil davon ist zu Eis gefroren.

Übrigens vermutet man, dass es auf dem Mars vor langer Zeit schon einmal wesentlich mehr Wasser gab als heute.

Kapitel 9 | Frage B

Was schätzt du: Wie würde die Zeit für unsere Reisegruppe vergehen, wenn sie mit Lichtgeschwindigkeit reisen?

Antwort

Die Zeit würde für unsere Reisegruppe still stehen, wenn sie mit Lichtgeschwindigkeit reist. Unsere Reisenden könnten also theoretisch viele „Erden-Jahre“ auf dem Lichtstrahl reiten und wären selbst nicht älter geworden, wenn sie wieder auf der Erde landen. Das kommt dir jetzt seltsam vor?
Nun, das geht wohl jedem so, der sich zum ersten Mal mit der Relativitätstheorie beschäftigt. Einstein hat unser Verständnis von der Zeit grundlegend verändert. Vor seiner Theorie dachten die Menschen, dass die Zeit immer gleich schnell vergeht. Das tut sie aber nicht. Jeder von uns hat seine eigene Zeit und je schneller wir uns bewegen, desto langsamer vergeht sie. Allerdings müssten wir uns unglaublich schnell bewegen, um den Unterschied überhaupt messen zu können. Und deshalb merken wir das in unserem normalen Leben auch nicht.
Ein Astronaut, der auf der internationalen Raumstation ISS mitfliegt, spart sich durch seine schnelle Reise weniger als eine Sekunde Lebenszeit. Obwohl die Raumstation mit knapp 8 Kilometern pro Sekunde (!) durchs Weltall rast. Im Vergleich zur Lichtgeschwindigkeit ist das allerdings immer noch sehr langsam.

Nachwort

In einer Biographie über Albert Einstein las ich zum ersten Mal über das Buch seiner Kindheit. In dem er nach eigenen Worten mit *atemloser Spannung* las und das damals für Jugendliche und Erwachsene geschrieben war.

Also machte ich mich auf die Suche, um es meinen eigenen Kindern vorzulesen und fand es bald in einem Antiquariat in Zürich. Es war jedoch nicht nur *ein* Buch, das ich dann in Händen hielt, sondern es waren die *20 Bände* der *Naturwissenschaftlichen Volksbücher* von Aaron Bernstein. Bernstein, Sohn eines Rabbiners, Demokrat und Liberaler, schrieb diese wunderbaren Bücher vor mittlerweile mehr als 150 Jahren als Autodidakt.

Ich stellte schnell fest, dass sich die 20 Bände nicht als Bettlektüre für meine Kinder eigneten. Nicht nur wegen ihres Umfangs, sondern auch wegen der Sprache. Diese war vor 150 Jahren noch eine ganz andere und für heutige Kinder schwer verständlich.

So begann ich also selbst darin zu lesen und war fasziniert: Von der Breite der Themen - es geht einmal quer durch viele Bereiche der Naturwissenschaften. Und davon, wie grundlegend viele dieser Themen sind. Und vor allem auch davon, welches Wissen sich der zehnjährige Einstein im Jahr 1890 bereits aneignete.

Einige Überlegungen Bernsteins sind heute wissenschaftlich widerlegt. Doch viele Kapitel sind noch fast genauso gültig wie vor 150 Jahren. Vielleicht nicht immer exakt, aber das war auch nie der Anspruch.

Die spannendsten Themen habe ich nun, im März 2020, für meine Kinder, sieben und zehn Jahre, angelehnt an das Original, neu geschrieben. Meine Tochter Johanna hat dazu die Illustrationen gemacht.

Mit dem Bedürfnis, die Zeit sinnvoll zu vertreiben, wenn wir schon wegen dieses unsäglichen Virus zu Hause bleiben müssen.

So kam es zu diesem Buch.

Danke.

Jakob Henrichs

Mein Dank gilt all denjenigen, die bei der Erstellung des Buches geholfen haben.
Besonders danken möchte ich Alice, Johanna und Jakob. Für sie und meine hoffentlich zahlreichen Enkelkinder habe ich das Buch geschrieben.
Ich danke außerdem Isa, Michi, Juli und Basti, der großartigsten befreundeten Familie, die man sich wünschen kann.
Und Falk und Anja, für ihre wunderbaren Verbesserungen.
Und natürlich möchte ich Walter und Günter danken, für ihre fachlichen Kommentare.
Und schließlich möchte ich mich bei Ruth, Eva, Konstantin und Iouri bedanken, für ihre Hilfe und Ermutigung.

Euch allen: Danke, von Herzen!

WOLFGANG BATT,
geboren 1977 in Freiburg, arbeitet seit seinem Studium in Volkswirtschaftslehre und Jura lieber mit Mathematik. Derzeit hilft er mit viel Freude jungen Unternehmen.

JOHANNA HENRICHS,
geboren 2009 in München, besucht aktuell ein Münchner Gymnasium. Sie ist Wolfgangs Tochter.